「ダメ子育て」を科学が変える！
全米トップ校が親に教える57のこと

星 友啓

SB新書
622

序章

「いい子育て」は疑って「科学的子育て」から始めよう

もっともらしい子育て理論の秘密

「子どもの将来のために、この方法が絶対に効果的！」

子育てに悩んでいるときに、そんなふうに言われたら、気になって、試そうかと思ってしまうもの。

先の見えないＡＩ時代の子育てならばなおさらです。

でも、気を付けなければいけません。何事も根拠が大切です。

たとえば、以下のような例を見てみましょう。


うちの子は、毎朝5時に起きるようにしつけました。少しでも遅れたら、朝ご飯抜き。6時までその日に学ぶ教科書を読ませました。

そうしたら志望校に合格しました。我慢して早起きしていたので、メンタルも強くなったと思います。

毎朝5時起き子育ては絶対効果的！　子どもの将来のために絶対やってみて！

ここまで大げさだと誰も見向きもしないかもしれませんが、このように「朝5時起き子育て」を薦められたとしましょう。

子どものメンタルや志望校合格のためにいろいろ試してみたけれども、どれもしっくりこない。結果が出ない。

そうやって悩んでいるときに、こんな宣伝が目にとまり、大先輩のサクセス・ペアレントが力説しているところを想像してみてください。

「子どもの将来のために」だとか「絶対効果的！」などの言葉につられて、ついつい試してみたくなってしまうかもしれません。

しかし、ここで要注意！

一歩立ち止まって考えてみましょう。そのサクセス・ペアレントの子にはできたことが、他の子どもにも効果的といえるのでしょうか？　子どもはそれぞれに違います。また、志望校に合格したのが、早起きの勉強のおかげかどうかはわかりません。もともとの能力や家庭環境、またはほかの勉強法などが大きく影響したのかもしれません。実に、早起きが勉強の効率を下げかねないといった研究さえあるくらいです。[*1]

つまり、この「朝5時起き子育て」は、ごく限られた実体験にしか基づいていない、「ダメ子育て」だったのかもしれないのです。

そして、ここまでひどい宣伝ではないにしても、突き詰めると同じように、実体験以外の根拠がない子育て法や子育て習慣が世の中にはあふれかえっています。

たとえどんなに子育て経験豊富なサクセス・ペアレントでも、勤続数十年のベテラン教師でも、本人以外の人たちが、まったく違う子どもに同じことをやってみたときに、同じ効果が出るわけではありません。

たとえば、トップ東大進学校の先生のやり方をすれば、誰でも東大に合格できるでしょうか。

さらに、たとえこれまでの社会の仕組みや受験制度の中で偶然うまくいっていたやり方があったとしても、目まぐるしく変わるこれからの時代に生きていく子どもたちに必要なスキルが身につくわけではありません。

それだけに、人間の脳や体、心のメカニズムにベストフィットした子育てで、最大限子どものポテンシャルをサポートしていくことが求められています。

「朝5時起き子育て」のような個人の体験や思い込みベースの「ダメ子育て」を追い求めてしまっては、道を誤ってしまうのです。

トップ東大進学校に入ってくるような既に受験のトレーニングを積んできた子どもたちには効果的なやり方でも、違う環境で育ってきた子どもたちには逆効果、なんてことも大いにあり得るのです。

子育てこそ科学的エビデンスが必要

では、どんな根拠のある子育てを探したらいいのか？

それがまさに、本書のメインテーマとなる、「科学的子育て」です。

子どもの成長や学び、心の働き、親子関係など、子育ては誰もが悩んでいる課題だけあって、さまざまな視点から科学的研究が進んできました。

統計学、社会学、心理学、最近では脳科学の成果も出てきています。

いわば、科学的アプローチで人間の心や体のポテンシャルを最大限に活用できるような、子育てや学習の方法が少しずつ明らかになってきたということです。

そうした方法こそが、必要なニーズや人材が加速度的に移り変わるＡＩ時代に必要とされているのです。

そして、そうした研究結果から、**これまで個人の体験や感想だけを根拠に「絶対に正しい」「効果的だ」と言われてきた子育ての中にも、どうやらそうではない「ダメ子育て」があるということがわかってきました。**

中には、逆に悪影響を及ぼしていたなんていう場合も報告されています。

自分や周りの子どもでは効果があるように見えたが、より多くのいろんな子どもたちにやってみたら、期待していた効果が得られなかった。あの学校でものすごく成功したけれども、他の学校ではさっぱり。

そんなとき自分の体験に基づく思い込みを脱して、より科学的に分析してみると、それまで「いい子育て」と思われていたものが、実は逆効果だったということが多々あるのです。

その一方で、もちろん、これまで正しいと思われてきたやり方の中にも、その効果が科学的に再確認されてきたものもあります。さらには、**これまでにはあまり注目されていなかったのに実はものすごく効果的だとわかったやり方なども見つかってきています。**

しかし、残念ながら、そうした最新の科学の成果の全てが、素早く子育てや教育の現場に伝えられて、実践されているわけではありません。

だからといって、テレビや雑誌、ネットなどに氾濫《はんらん》する情報の中で、どれがしっかりと科学的に確認されているものなのか、自分で吟味して探していくのは非常に難しいでしょう。

親も教師も、先端科学の成果を追いかけ続けるなんて、子育てや仕事に忙しくて、とても時間が足りません。

そこで本書では、最新の脳科学と心理学に裏打ちされた子育てメソッドや習慣の中から、家庭や教育現場ですぐに実践できるものを厳選して、シンプルに解説していきます。

また、良かれと思ってついついやってしまう「ダメ子育て」についても徹底対策していきます。

「科学的子育て」との正しい向き合い方

しかし、ここでも注意が必要です。**科学的な根拠がある子育てだからといって、子どもの反応を無視してがむしゃらにやっていけばいいというものでもありません。**

「科学的に効果が確認されている」といっても、やはり、誰にでも同じような高い効果が出るというわけではありません。

あくまで、「多くの人たちに試してみた結果、偶然の誤差以上の違いが見いだされた」ということにすぎないのです。

そのため「科学的に効果が確認されている」子育て術でも、自分の子には効果がない場合や、全く合わずに、他の方法を探さなくてはいけない場合も出てきます。

自分の子どもに合わないものを「科学的に効果が確認されている」からと、続けていった結果、逆効果になってしまっては本末転倒です。

反対に、既にうまくいっている子育てを「科学的に効果が確認されている」からという理由だけで、変えなければいけないわけでもありません。

しかしここで以下のような疑問が出てくるかもしれません。

うーん、ちょっと待って、全然しっくりこない。

「科学的に効果が確認されている」といっても、結局のところ、自分の子どもに合うかどうかわからないというのなら、「科学的子育て」にこだわっていいことがあるのだろうか？

断言しましょう。それが大ありなのです！

たとえば、子育てに困ったときのことを考えてみましょう。

このＡＩ時代、ちまたにはさまざまな子育て情報があふれています。

ネットやブログ、ソーシャルメディア、本や雑誌の読み物に、テレビで見るもの。先生や友達のおすすめだってあるでしょう。

どれもそれぞれに違っていて、中には、「褒めた方がいい」「いや、叱った方がいい」など、相反するやり方もあって、どっちをとっていいのかわからなかったりもします。

でも、むやみやたらに全て試している時間もないし、子どもに合わなかったらかわいそう。

ああ、どうしたら、なるべく効果の上がる確率が高いものを選んであげられるのか？

そんなときにやはりまず選ぶべきは、「科学的な子育て」なのです。

おしなべて多くの子どもに効果が出やすく、人間の脳や心の仕組みにかなったやり方。そして、個人の偏見や主観を極力取り除いて科学的に研究されているもの。

いくつもやり方がある中で、どれも確実でないにしても、やはり選ぶべきは、より多くの人に、客観的に効果が確認された方法、つまり「科学的な子育て」なのです。

子育てに迷ったら、まずは科学的に確認されているものを選びましょう。

その上で、子どもに合っているかを観察しながら見極めていけばいいのです。

スタンフォードと日本で実践してきた科学的子育て

私はスタンフォード大学にある中高一貫校の校長を務めています。

名前はスタンフォード・オンラインハイスクールで、創立17年。AI時代の教育のフロンティアでチャレンジを続け、近年、オンラインの学校でありながら、全米トップ校の一つとして認知されるようになりました。

現在、世界40カ国以上からの中高生とその親御さんたちをサポートしつつ、将来入学を希望する小学生の支援プログラム運営も行っています。

そういった仕事柄、子育てや勉強法の研究、実践が日課となっています。

世界屈指のスタンフォード大学という「地の利」も活かして、最新の脳科学や心理学から、使いやすいものを子育てや教育の現場にシンプルな形で発信もしています。

メインのオフィスはスタンフォードがあるカルフォルニアですが、生まれも育ちも日本人なので、日本に向けての発信も続けています。

書籍やブログだけでなく、講演会やオンラインサロンなどを通して、生後数カ月の赤ちゃんや未就学の子どもたちを育てる方々の支援やトレーニングを行ってきました。

おかげさまでご好評をいただき、学校や教材、サポートプログラムの事業が拡大していくにつれ、より多くの方々に役立てていただきたいと思うようになり、本書を執筆しました。

忙しないAI時代を見据えて、最新の科学に基づいた新しい子育てを駆使して、早速成果を挙げている学校や家庭もありますが、まだまだ全体の一部なのが現状です。

世界の子育て最前線から、子どもの心と知能を効果的に伸ばす方法をいち早く皆さまにお届けするのが本書の目的です。

現役子育て世代やそれをサポートする人たちに必須の一冊

子育ては難しい。心配やイライラがつきもの。

子どものことを思うがゆえに、プレッシャーを感じて、余計つらくなる。

でも、忙しくて子育てにかけるリソースも時間も足りない。


子育ての悩みはさまざま、誰しもがなんらかの形で持っているもの。

そして、さらに急速に複雑化する今の社会で、子育てはますます困難を極めています。

子どももそれぞれに違って、好きなことや性格だって全然異なる中で、果たして、どうやって子育てしていったらよいものか？


ネットやテレビで、これがいいあれがいいと聞いても、どれが本当にいいのかわからないし、実際に何か試してみても、なかなか効果がわかりづらい。

だからといって、悩みが相談できて、アドバイスをくれそうな人がすぐに周りに見つかるわけでもない。

本書のテーマは、最新科学が明かした、子どもの脳と体のメカニズムに最適の子育て。情報の溢れかえるAI時代に、もっともらしい「ダメ子育て」を回避しながら、日々の日常で活かせる科学的子育て法を厳選して解説していきます。

次のような疑問をお持ちの方はぜひ本書を読み進めてみてください。

- 子どもが小さいときの子育てで気を付けることって何？
- どうやって叱ったらいい？　褒めたらいい？
- 子どもの将来にベストなしつけ方は？
- 子どもの人間関係や心の成長をどうやって育てたらいい？
- 子育てですぐイライラしない方法は？

これらは全て子育ての悩みの調査で上位に入ってくる疑問や悩みです。
本書ではそれぞれの問いについて章ごとに詳しく考えていきます。

子育て真っ最中のお母さん、お父さん。
これから子どもが生まれてくるというカップル。
妻や夫、息子や娘の子育てを少しでもサポートしたい方。
多くの子どもたちを日々支えている教育者。
子育てや最新科学の知識が気になる愛読家。

本書をさまざまな方に読んでいただき、子どもの現状やニーズに合った方法やヒントから役立てていただければ幸いです！

目次

第2章 やる気がぐんぐん伸びる褒め方・叱り方

第3章　伸びる子どもに育てるために親ができること

第4章　メンタルも知能もぶっとく育てる科学メソッド

第5章　子育てがつらい科学的理由と対処法

企画協力――長倉顕太

第1章

子どもの脳と心について知っておくべきこと

「すぐに叱る」は逆効果

「やだ、絶対やだ！」

そう言って、大声で泣きだす子ども。

やらなくちゃいけないのに嫌がって、揚げ句の果てに大泣き。

そうなってくれれば、こっちもイライラ。

ダメなことはダメだということを教えるために、今こそ叱って、しつけなくては！


「お兄ちゃんが先にやったんじゃん！」

「いやそっちが変なこと言ってきたからだよ」

そこからいつものようにエスカレート。パンチにキック。涙に叫び声。

ケンカ両成敗。ちゃんとすぐに教えなくては。今がチャンス。こういうときに、繰り返し説明していけばきっといつかわかってくれるはず。

このような「ヤダヤダ」や「ケンカ」などの例は子育てのあるあるです。

この他にも、ゲームやテレビを約束の時間を過ぎてもやめられなかったり、遊び場からいつまでも帰ろうとしなかったり、食べてほしいものを食べてくれなかったり……。


子どもが子どもである限り何をするべきか教えたり、それはなぜかを教えてあげたり、子どもがやったことがなぜダメなのかを説明してあげるべき。

そしてそれは、すぐにやってあげると効果的！

なぜなら、後からでは忘れてしまうから。鉄は熱いうちに打て！


この「すぐに叱る」子育て法は、非常におなじみで、幅広く実践されている方もいらっしゃるかと思います。


しかし、**「すぐに叱る」子育て法は、脳科学的には逆効果になってしまうのです！**

子どもの脳の成長過程を理解して、注意して声かけしていく必要があります。

それでは、子どもの脳について、少し解説していきましょう。

子どもがカッとなりやすい脳科学的な理由

うれしかったり、悲しかったり、怒ったり、楽しかったり、不安に感じたり、怖かったり、驚いたり……。

人間の脳はそうした感情を感じる働きを持つ一方で、論理的に考えたり、分析したり、言語化したりといった、理性的な働きも持ち合わせています。

そして、その感情的な働きと理性的な働きは、それぞれ脳の違う部分でカバーされています。

たとえば、大まかなイメージとして、「右脳が感情の働きで左脳が理性的な働き」などといわれています。

嫌なことを言われて、カッとなってしまったときに、感情を抑えて冷静な対応をしたとしましょう。

このとき脳の中では、右脳がヒートアップした状態になるものの、左脳がそれを落ち

図１　感情の働きをする右脳・理性的な働きをする左脳

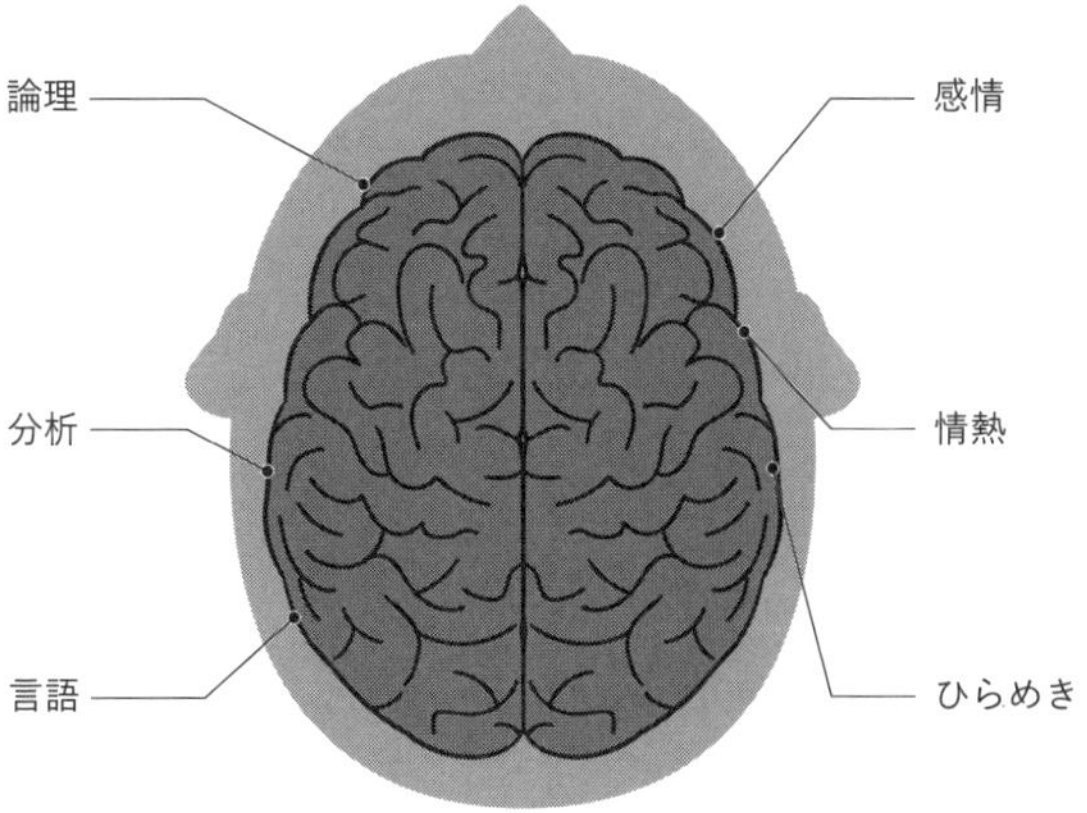

着かせているのです。

しかし、**子どもの脳は、この理性的な働きをする左脳がまだまだ未発達。**

だから、子どもは感情的になったとき、昂《たかぶ》った感情を抑えることができないのです。

そして、カッとなって感情が昂ってしまっている状態では、左脳が理性の働きをできず、やるべきことを論理的に順序立てて考えたり、親の指示や指導を理解しようとする子どもの脳の働きがストップしてしまうのです。

つまり、**感情が昂っているときにしつけを試みても、子どもの脳は、それをうまく呑み込むことができず、火に油を注ぐ結果になってしまうのです。**

子どもが感情的になったら まずやるべき脳科学テクニック

子どもが泣きだしたり、カッとなってしまったとき、その場で教えるべきことを教えようとしても、子どもの脳がそれを受け入れることができない。

それならばどうしたらいいのか？

ここでおすすめするのが、世界的ベストセラー作家でもあるカリフォルニア大学ロサンゼルス校のダン・シーゲル教授の提唱する「コネクト＆リダイレクト（Connect & Redirect）[*1]」です。

子どもの感情が昂っているとき、まずは「コネクト」、つまり子どもの心とつながることから始めます。

小さい子どもならば、抱っこしてあやしてあげたり、背中をなでてあげたりして、気持ちを落ち着かせましょう。

ある程度言葉が通じる子どもならば、「そうか、そうか、嫌なんだね」「怒ったんだねぇ」などと、子どもの気持ちを言葉に出してあげましょう。

まずは気持ちを理解したということ、それを行動や言葉で伝えてあげることで、子どもの気持ちをリラックスさせることが第1ステップです。

そうして子どもが落ち着いてきたら、「リダイレクト」と呼ばれる次のステップに移ります。子どもの気持ちを「向き直す」という意味です。

感情が昂っていたときのことを思い出させながら、さっきやるべきだったこと、やってはいけなかったことなどを説明しましょう。

オーバーヒートしていた右脳が落ち着き、未発達の左脳でもものごとを理解する準備ができた状態で、丁寧にやるべきことや、やってはいけないことを説明します。

これが脳科学的に理にかなった声かけの方法です。

また、子どもが怒ったり、泣いたりしたときに、優しく落ち着けるようサポートすることは、子どもを甘やかしていることになりません。

それどころか、子どもが自分の気持ちを落ち着かせるスキルを身につけるためのトレーニングにもなっていることを押さえておきましょう。

感情が昂ったとき、子どもは自分で収拾がつけられない感情のうねりを収めるのにサポートが必要で、大人がそのサポートをすることによって、感情を抑えることのトレーニングができます。

ちょうど、鉛筆が持てない子どもに対して、まず一緒に鉛筆を持って書かせてあげる様子をイメージしてみてください。

どんな子どもも、最初はそうしたサポートが必要で、そうして何度も鉛筆を使っていくうちに、自分一人でも書けるようになります。

同様に、感情が昂ってしまったとき、子どもはどうすれば心を落ち着けることができるのかがわかりません。

そこで、親が背中をなでたり、声をかけたりして、心を落ち着かせてあげます。

子どもは、そうした体験を繰り返すことで、昂った感情を自分自身で落ち着かせるスキルを少しずつ身につけることができるのです。

また、そうしたサポートなしには感情を落ち着かせるスキルを身につけるのが遅くなってしまいかねません。

つまり、**子どもがカッとなったときに、すぐにしつけようとするよりも、「コネクト＆リダイレクト」をする方が、圧倒的に子どもが自分の感情をコントロールできるようになる近道なのです。**

子どもの脳の9割は5歳までに完成する!?

このように、ごく自然に思える子育ての習慣の中にも、先端科学から考えると、見直すべきものがいくつもあります。

そこで、ハーバード大学の「子どもの発達センター」[*2]がまとめた最新の脳科学と心理学の成果から、子育てに役立つ情報をいくつか紹介していきましょう。

最初に取り上げるのは、「子どもの脳の9割は5歳までに完成する」というお話。

全く同じといかないまでも、「3歳までに」とか「8割がた」とか、似たような主張を耳にしたこともあるかもしれません。

そのようなことを聞けば、ものすごく若いうちに脳の成長がおおかたストップしてしまうと思ってしまいます。

図２　人間の脳の発達
乳児から幼児におけるシナプス形成[*3]

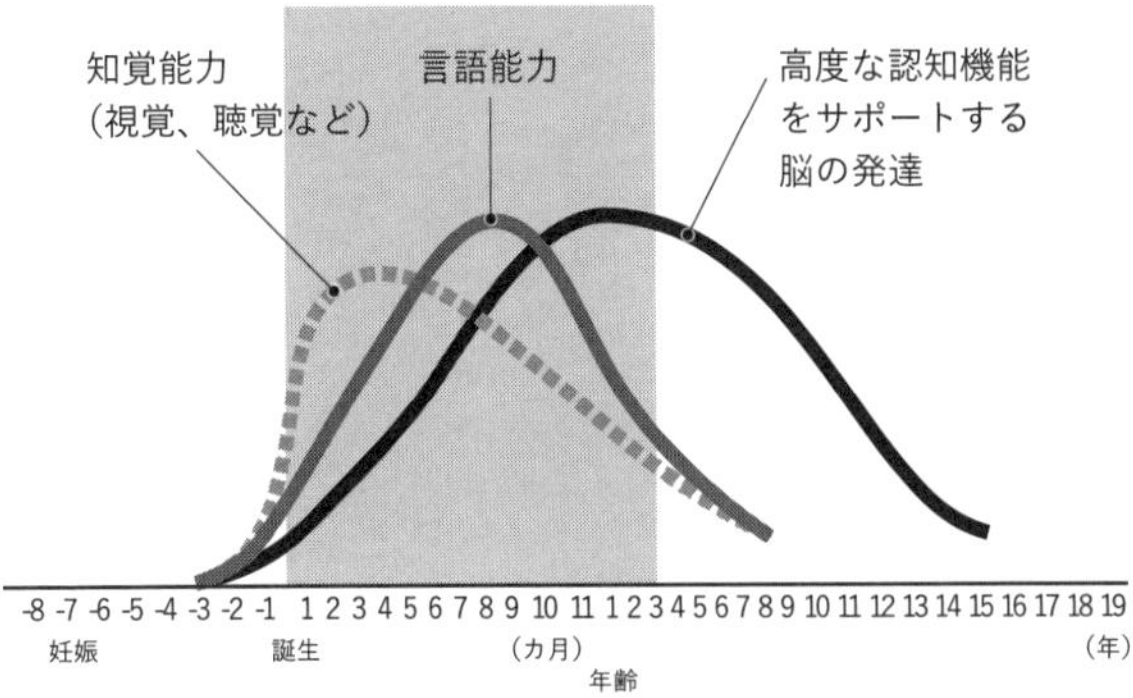

いったいどういうことなのでしょうか。
非常に誤解されがちな内容なので、しっかりと理解していきましょう。

まず、図2をご覧ください。

それぞれの曲線は子どもの認知能力の発達の度合いを示しています。

視覚、聴覚などの知覚能力は、生まれてから数カ月をピークに発達しますが、5歳を迎える頃には発達が収まっていきます。

つまり、子どもが物を見たり、音を聞いたりするといった知覚能力は、かなり早い段階で完成しているということです。

同様に、言語能力も、1歳を待たずして急速に発達し、5歳を迎える頃には、グラフが急降下して、成長の度合いが小さくなっています。

つまり、言葉を発したり、言葉を認識するための基礎的な能力も5歳までにおおかた出来上がってくるということになります。


その一方で、高度な認知機能の発達は、1歳から3歳ぐらいのピークを過ぎても、発達の度合いが急激に落ちることはなく、10代半ばまで続きます。

つまり、難しい話や文章を理解したり、計算したり論理的に考えたりといった、高度な認知能力をサポートする脳の働きは、5歳以降も発達し続けるのです。


このように、**「子どもの脳の9割は5歳までに完成する」という主張は、ごく基礎的な認知能力に限定した話です。**

より高度な能力をサポートする脳の発達は、5歳以降も続くのです。

そのため、「5歳までにやらなかったからダメだ」などと諦めたり、卑下したりする必要は全くありません。

脳は学ぶたびにいつまでも変わり続ける

実際に、脳は私たち人間が何かを体験するたびに変わり続けていきます。子どもであろうが、大人であろうが、私たちの脳はどんな小さなことでも、学ぶたびに変化し続けていくのです。

このイメージが非常に大切なので、少し詳しく説明していきましょう。

私たちの脳には860億個[*4]ほどの「ニューロン」と呼ばれる神経細胞があり、それぞれが数多くの他のニューロンと結びついて、複雑なネットワークをつくっています。これが「シナプス結合」です。

その中で、ニューロンがシナプスを介して、電気信号をやりとりしています。

図３　シナプスを介して、電気信号をやりとりするニューロン

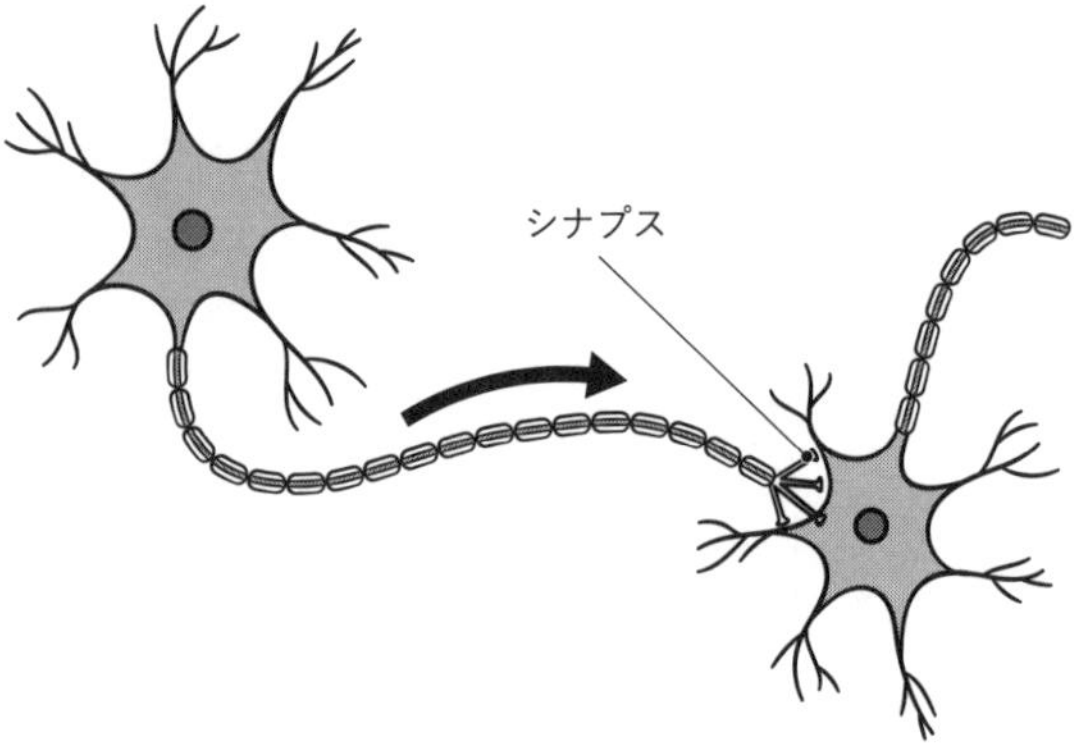

まさにニューロン同士が作る電気回路のイメージです。

たとえば、私たちが何かを体験し、その体験から学ぶとき、脳に電気パルスが走り多数のニューロンが「発火」します。

そのとき、同時に発火したニューロンをつなぐ新しいシナプスが形成されたり、既にあるシナプスが大きくなったりするのです。

何かを学ぶと、その学びに対応するニューロンの回路が強化され、次に似たような状況に遭遇したときにそれらのニューロンが活性化しやすくなります。

つまり、私たちが学ぶたびに、脳は変

化するのです。

何かを学ぶたびに、数百万というニューロンがなんらかの形で変化するところをイメージしてみましょう。

変化のプロセスは、数時間から数日かかることもあり、多くの栄養とエネルギーが必要で、小さな子どもであれば、全身で消費されるエネルギーの50％が脳で費やされることもあります。[*5]

基礎的な認知能力が早い段階で完成に近づく一方で、その後も脳は変化し続けます。5歳を過ぎてからも脳の大切な成長はずっと続いていくのです。

子どもの脳の発達を妨げる最悪な習慣

とはいえ、生まれてから5歳までの時期が子どもの脳の成長に最も大事な時期の一つであることは間違いありません。
この時期に子どもの脳の発達をサポートするために最も重要なのが、**ストレスをかけ過ぎないこと。**

小さな子どもの脳は、人間のDNAの設計図に従って、基礎的な脳の機能をどんどん発達させていきます。

しかし、長期的に恐怖や不安などの、極度のストレスをかけると、脳の自然な発達が妨げられてしまいます[*6]。
極度のストレスは、大人の脳にとっても悪影響を及ぼし、集中力や記憶力の低下につながることが知られています[*7]。
そのため、特に小さな子どもの脳の発達には、極度のストレスを避けることが非常に重要です。

それでは子どもに極度なストレスを与える環境とはどんなものでしょうか?

もちろん、身体的な虐待はもっての外で、怒鳴りつけたり、罰を与えたりすることで、子どもの心に過度のストレスをかけてしまうこともあります。

また、**長期的な家族の不仲や子どものニーズに応えずに無視し続ける「育児放棄」は、体罰と同レベルの悪影響を及ぼします。**[*8]

さらに、子どもの将来を心配し過ぎて、**無理にあれこれとやらせ過ぎてしまい、徐々にストレスをかけてしまうこともある**ため気を付けなくてはいけません。

子どもとストレスとの正しい関係

ただ、子どもを全てのストレスから遠ざけようとする必要はありません。

全てのストレスが子どもの脳の発達に悪影響というわけではなく、適度なストレスは子どもが成長する上で必要不可欠とさえいえるのです。

つまり強いストレスがサポートなしに長期間続く状態は避けるべきですが、日常の少しのストレスは、全く問題ありません。

勉強や友達関係、思いがけない出来事など、日常生活のさまざまな事柄が多かれ少なかれ子どもの心にストレスを与えます。

そして、子どもはそれぞれの体験から、学びを得ます。

難しい問題がすぐに解けずにイライラしても、それを乗り越えることで、新しい知識が身についたり、友達との関係が少しこじれて悲しくなっても、いろいろ考えを巡らすことで、感情面や社会性が伸びていったりするわけです。

したがって、**全てのストレスから子どもを遠ざけようとせず、ストレスがかかった後にどう子どもをサポートできるかを考えることが重要です。**

たとえば、家族で大げんかをしてしまったとしましょう。

小さな末っ子もいて、家族のあまりのけんまくにおびえて泣きだしてしまいました。

そんなことがあったら、すぐに優しく落ち着かせてあげて、その後同じようなことが何度も起きないように気を付ける必要があります。

極度のストレスを放っておいて、子どもの心が傷つききってしまうと、それを癒やすのは非常に難しくなってしまいます。

そのため、強いストレスに子どもがさらされてしまったときは、すぐに子どもの心をサポートして、その後そのストレスが続かないようにしましょう。

そうすることで、子どもの心や脳への悪影響を最小限に抑えることができます。

実際、子どもの心にトラウマが与える影響は、どんなトラウマだったかということよりも、その出来事が起きたときにどんなサポートがあったかで決まってくるともいわれているくらいです。

子どもの脳を育てる最もシンプルで最も効果的な方法

なるほど、暴力や暴言はダメなのはわかるし、いろいろとやり過ぎてもダメ。だからといって、放っておいたら育児放棄で虐待と同じぐらい悪影響……。

ここまでの説明で、いろいろ避けるべきことはわかった。

では反対に、積極的にやるべきことは何か？

この問いに、本書では、さまざまな角度から迫っていきます。

まずは、最もシンプルで効果的、かつ子育ての基本となる方法をご紹介しましょう。

先ほど紹介したハーバード大学の「子どもの発達センター」が推奨する「サーブ＆リターン（Serve & Return）」という子育て習慣です。[*9]

最初のステップは「サーブ」から。

テニスでいうところの、ボールの1打目のイメージです。

たとえば、赤ちゃんが「バブバブ」と声を出したり、手足を動かしたりしているのも全て赤ちゃんからの「サーブ」と解釈されます。

そして、親が「リターン」を返します。つまり、なんらかの反応を示すということです。

たとえば、話しかけたり、なでたり、笑顔を返したり。

非常にシンプルな習慣ですが、そうした「サーブ」と「リターン」のやりとりが、子どもの認知能力やコミュニケーション能力の発達に欠かせないことがわかってきています。

したがって親として第一に大切なのは、子どもからの「サーブ」に目を凝らして、しっかり「リターン」を返すことなのです。

「サーブ」に気づかなかったり、無視したり、身勝手に返したり返さなかったりすると、子どもの脳の自然な発達をベストにサポートすることができません。

そして、「サーブ&リターン」は、赤ちゃんよりも大きくなった子どもたちにも重要です。

年齢にかかわらず、子どもたちの問いかけや表情、ジェスチャーに対して常に「リターン」を返すという、いわば「子育ての基本」を忠実に守ることこそが、子どもの自然な脳の成長をサポートするためのシンプルな近道なのです。

今すぐやってあげられる！子どものメンタルの成長に最も重要なもの

さて、「サーブ&リターン」は、子どもの認知能力やコミュニケーション能力の発達を助けるだけでなく、親子の間で安心できる信頼関係を築いていくことにもつながります。

そして親子の信頼関係は、日々の暮らしや子育てをスムーズにするだけでなく、子どものメンタルの成長に非常に大事なことがわかっています。

実際、**子どものメンタルの強さは、しっかりとした信頼関係を持てる大人が、一人でもいるかどうかに大きく左右される**という報告があります。[*10]

これは子育てをする親にとっては非常に重要で心強い科学的発見です。

世の中の逆境や困難な環境自体を変えることは、私たち一人ひとりには難しい。また、将来子どもが直面するかもしれない難しい状況を未然に防ぐことも不可能です。

だからこそ、子どもには強いメンタルをもたせてあげたい。

そうするためには、たった一人の大人が信頼関係を築いてあげればよく、その一人に自分がなればいいというのです。


たとえば、同居中の姑《しゅうとめ》と子育て方針が極端に異なる場合を想像してみましょう。

姑の時代遅れのやり方に子どもが苦しそうで、悪影響が出てしまうのではと心配です。

しかし、自分にはその姑の行動自体は変えられない。


そんなとき、親である自分が子どもとしっかりした関係性を築くことが、子どもが「姑という逆境」を耐えるためのメンタルサポートにつながり、心配している悪影響を防ぐことができるのです。

同様に、学校や塾などでいじめられたり、挫折したりしても、前を向いて進んでいけるようなメンタルを育てるためにも、子どもとしっかりとした信頼関係を築くことが重要なのです。

「サーブ&リターン」を実践して、日頃から子どもとの信頼関係を深めていきましょう。それが子どものメンタルを強化するための着実な第一歩になります。

その上で、さらに、本書の第4章で扱う子どものメンタル強化法を試してください。

社会脳を育てれば頭が良くなる

「サーブ&リターン」が子どものコミュニケーション能力やメンタルを成長させるのはわかった。それでは、子どもの知能や認知能力の側を伸ばすためにはどうしたらよいのか？

これに答える前に、もう少しだけ、子どもの脳について解説しておく必要があります。

人間は全身に対して脳の比率が最も大きい動物[*11]だと聞いたことがないでしょうか。どうしてそんなに人間の脳は大きくなったのでしょう。いろんなことができるように？　それも関係していることでしょう。しかし実は、社会性に関する能力が、人間の脳の大きさと最も強く関係していることがわかっています。

たとえば、サルの仲間では、一緒に行動する群れが大きければ大きいほど、体に対する脳の新皮質の比率が大きくなります。[*12]

周りとうまくやって群れを大きくできれば、自然淘汰の中で優位に立てる。

つまり、人間の脳が発達し「大きく」なったのは、みんなと仲よくうまくやるためというわけです。

これがいわゆる「社会脳仮説（social brain hypothesis）」です。

この仮説にちなんで、人間の脳は「社会脳」なんて呼ばれるようになりました。

そのため、「サーブ&リターン」で、子どもの社会性を自然に成長させようとすることは、人間の脳の根本的なメカニズムにかなっているのです。

それだけではありません。

子どもたちの社会的（social）・感情的（emotional）な認識やそのコントロールをサポートすることで、子どもの心の健康が改善されるのはもちろん、[*13]なんと学力もアップする！[*14]

つまり、社会性や感情の能力が脳のメカニズムの中心にあるため、これらの能力をサポートすることで、子どもの知的能力も高まるということです。

このことは、感情や社会性、知的能力といったさまざまな働きが、脳の中で複雑に関連し合っていることの表れでもあります。

したがって、「勉強だ、勉強だ！」と単一的なアプローチで、子どもの脳の成長をサポートするのは効果的ではありません。

さまざまな体験を通して心と体の能力も伸ばしていくことが、脳を効率良く成長させるベストなサポートであり、結果的に成績アップの近道にもなるのです。

実際、これまで偉業を達成してきた天才たちの脳を分析した研究で、脳の中の異なる領域同士のつながりが非常に強くなっていることが発見されたりしています。[*15]

つまり、目指すべきは、脳の多様な機能が発達し、それらがうまくつながっている状態であり、孤立した脳の一部がものすごく発達している状態ではないのです。

したがって、成績を伸ばそうと考えるなら、勉強ばかりしているのは最も効果的なやり方ではありません。

友達と笑ったり泣いたり、成功や挫折を経験したり、運動やアート、異文化を楽しんだり。多様な体験を通じて、脳が包括的に成長することで、結果として、最も効率的に成績が伸ばせるのです。

「一気に変える」「少しずつ変える」習慣化にはどちらが効果的？

次に、子育ての大きなテーマの一つである「習慣化」についてお話ししましょう。

毎朝運動するようにする。決まった時間に勉強するようにする。好き嫌いせず健康なものを食べる。

子どもに大事な習慣を身につけさせてあげたい。

子どもに新しい習慣を身につけさせるとき悩ましいのが、ガラッと一気に変えていくのか、それとも、少しずつ変えていくのかという問題です。

いつもやっていることを一気に変えることで、心機一転、新しい習慣のリズムに乗っていけるのではないか。

いやいや、今やっていないことを急にやるのは難しい。やはり、少しずつ慣らしていかないとできないのではないか。

「一気派」と「ちょっとずつ派」、一体どちらがより効果的なのでしょうか。

この問いに脳の仕組みから答えれば、**新しい習慣を身につけようとするときは、ちょっとずつ習慣を変えていくのが理にかなっている**といえます。

実際、習慣を変えるプログラムなどでは「ちょっとずつ派」のアプローチをすることが効果的であると確認されています。

そもそも、**習慣とは、自分の強い意志で行動しようとしなくても、ある一定の状況に置かれると自然としてしまう行動のこと**です。

たとえば、朝起きたら迷うことなく洗面所に行って歯を磨き始める。そうやって意識することなく行動することを、習慣というわけです。

そして、何かを習慣化するということは、そうした自然な行動のパターンを脳に焼き付けるということになります。

ではどうやって、脳にそのパターンを焼き付けることができるのか？

それはズバリ、何度も同じような状況で同じような行動をとることしかなし得ません。

繰り返し同じような体験をしていくことで、同じようなニューロンの回路が何度も何度も活性化されて、強固で通りのよいニューロン回路が出来上がってきます。

そうした強いニューロン回路ができることで、また同じような体験が起きたときに、あれこれと考えることなく、これまでと同じような行動をすることができるのです。

朝起きて何も考えずに、洗面所に行き、歯を磨くような習慣ができるためには、繰り返しのトレーニングが必要なのです。

以上、脳は常に変わり続けていますが、その変化は少しずつなので、子どもが、何かを習慣化するには「少しずつ派」の精神で根気強く臨んでいかなくてはいけません。

本書の第3章では子どもの習慣化について、より詳しく解説していきます。

そこで焦点にするのは、ゲームの時間を減らしていく科学的な方法です。

脳が一番効率的に学べる瞬間とは？

この章の括りに、子どもの脳のメカニズムについて、もう一つ重要な事実を解説しておきましょう。

それは、**脳は間違えたときに、最も効率的に学べるようにできている**ということです。

これは昔から経験則的にも語り継がれてきた考え方ですが、近年の脳科学の成果からも再確認されています。[*16]

それだけに、間違えた瞬間をうまく活かしながら勉強させてあげることが、効率的な学習への近道となります。

重要な点なので、少し詳しく解説していきましょう。

私たちの脳は見る、聞くなどの知覚を通して周りの環境を認識して、その状況に関するなんらかの予測を立てます。

たとえば、子どもが猫と遊んでいるとしましょう。

子どもが猫の頭をなでたり、背中をさすったりすると、猫も楽しそうにじゃれついています。かわいい猫のリアクションがうれしくて、子どもも猫のいろんなところをなでて遊びを続けていきます。

この場面で、猫の状況を観察しながら、なでて遊んでいる限りは機嫌良くいられるだろうという予測を立てています。

しかし、じゃれ合う中で子どもが猫のしっぽをつかんでしまいました。その瞬間、これまで楽しそうだった猫が、急にうなり声を上げ、子どもを嫌がってにらみ付け、かみついてきました。

スキンシップをとっていれば、楽しく遊んでいられると思っていた子どもの予測が外れてしまうわけです。

そして、その体験をした子どもは、次に猫と遊ぶときには、しっぽに触れないように気を付けて遊ぶようになるのです。

このように、自分が立てた予測が間違っていたときに脳の中で学習が起こります。[*17] 近い将来、似たような環境でより正確な予測ができるように、脳の回路が組み替わるのです。

実際に最近の研究により、脳の予測が外れたとき、脳内でドーパミンの分泌量が増え、ニューロン回路が効果的にアップデートされる仕組みもわかってきました。[*18]

つまり、予測を立てて間違えたときに、脳はその間違いを正しく修正するための「準備」を整えるのです。
この脳のメカニズムが、間違いを最高の学習チャンスにするのです。

そのため、子どもが間違えたとき、親子で落ち込んでいる暇はありません。それでは最大のチャンスを逃してしまいます。

日頃から、子どもが間違えたときに「間違えたから脳が学ぶ最高のチャンスだ」と思えるようにサポートしていきましょう。

子どもに脳科学を教えると成績がアップする

それでは、そうしたイメージを子どもが持てるようにするためには、どうしたらいいのでしょうか？
もちろんシンプルに、日頃から「間違えたときが学ぶための最大のチャンスだ」ということを子どもに教えていくことが第一歩になります。

その上で、小学校高学年くらいの子どもには、より効果的な方法があります。

それはこの章で説明してきたような脳科学の基礎を教えてあげること。

本章で説明している脳のメカニズムは、小学校高学年くらいであれば、丁寧に説明することでスムーズに理解することができます。

難しく詳細な情報は必要ありません。

大まかな脳のメカニズムを理解することで、学びや自分の能力に対するポジティブなイメージを持つことが目的です。

そうやって変化し続ける脳のイメージを持つことによって、実際に子どもの成績や学習に対する意識が改善することが明らかにされてきています。

たとえば、数学の教育学の世界的権威である、スタンフォード大学のボアラー教授の

「youcubed」という数学指導プログラムにおいて、本章でお伝えしたような脳科学の事実を子どもに教えることで子どもの成績がアップしたというデータが報告されています。[*19]

また、**脳科学のシンプルな事実を学ぶことで、子どもが「成長マインドセット」を持てるようになります。**[*20]

「成長マインドセット」は、世界的ベストセラー『マインドセット──「やればできる！」の研究』[*21]の著者、世界的な教育学者であるスタンフォード大学のキャロル・ドゥエック教授が提唱してきたコンセプトです。

子どもの才能や能力は既定のもので、学習したり成長しても変化しないというイメージが「固定マインドセット（fixed mindset）」。

それに対して、才能・能力は努力やトレーニング次第で伸びていくというイメージが「成長マインドセット（growth mindset）」。

これまでの研究によれば「成長マインドセット」を持っている子どもは、忍耐強く、成績やパフォーマンスも右肩上がりなのに対し、「固定マインドセット」の子どもは、諦めがちで向上心に欠け、成績やパフォーマンスも横ばい。

つまり、脳科学を学ぶことで「成長マインドセット」でポジティブな自己イメージを持つことができるようになると、成績やパフォーマンスの向上につながるというわけです。

そのため本書では、子育てメソッドの解説にそえながら、脳のメカニズムについても解説していきます。

さらに各章の終わりには、その章でお伝えした「脳のメカニズム」や「脳科学的に正しい子育て」について簡潔にまとめています。

ぜひ、本書で学んだ、シンプルな脳科学のイメージを子どもにも教えてあげてください。そうすることによって、子どもが正しくポジティブな脳のイメージを持てるようになり、効果的な学びができるようになります。

まとめ

①「すぐに叱る」子育て法は子どもの理解にとって逆効果。感情が昂っているときにしつけを試みても、子どもの脳は、それをうまく呑み込むことができない。

②「コネクト&リダイレクト」とは、右脳のオーバーヒートを優しく落ち着かせてあげてから、未発達の左脳でも理解ができる落ち着いた状態で、やるべきこと、やってはいけないことを説明する方法。

③子どもがカッとなったときに、一緒になって落ち着かせてあげることは、子どもが自分の感情をコントロールできるようになるためのトレーニングになる。

④「子どもの脳の9割は5歳までに完成する」は、認知能力の基礎が完成に近づくという意味。

⑤5歳を過ぎてからも脳は常に変化し続ける。

⑥長期に及ぶ恐怖や不安など、極度のストレスがかかると脳の自然な発達が滞る。

⑦身体的、精神的な虐待はもちろん、長期的な家族の不仲もストレスになる。育児放棄は、身体的な虐待と同じくらいの悪影響を与える。

⑧子どもの「サーブ」に大人が「リターン」することで、子どもの認知能力やコミュニケーション能力の自然な発達を促せる。

⑨子どものときに、しっかりとした信頼関係を持てる大人が一人でもいることで、逆境に耐えられるメンタルの強さを身につけられる。

⑩脳のメカニズムの中心である社会性や感情の能力をサポートすることで、子どもの頭が良くなる。

⑪多様な体験を通してさまざまな能力を伸ばしてあげることが、脳を効率良く成長させるベストなサポートで、結果的に成績アップの近道になる。

⑫新しい習慣を身につけるには、一気に変えるより、ちょっとずつ習慣を変えていく方がいい。

⑬脳は間違えたときに最も効率的に学べるようにできている。子どもに「間違えたときこそ、脳が学ぶ最高のチャンスだ」とメッセージすることが大切。

⑭脳科学を子どもに教えると、「成長マインドセット」につながり、好奇心ややる気がアップする。さらに学力も向上する。

第2章

やる気がぐんぐん伸びる褒め方・叱り方

子どものやる気は科学的に伸ばせる

何をやるにしてもやる気が肝心！
やる気がなければ時間の無駄で、やる気さえあれば、なんだって身になる。
しかし、やる気があるときはやる気があるが、やる気がないときはやる気がない。
自分で意識してやる気を上げようとしても、気持ちがなければしょうがない。

そんなふうに、やる気は気持ちの問題だと思われがちですが、これまでにぎっしりと科学的研究が積み重ねられてきたトピックの一つです。
子どものやる気を伸ばす科学的アプローチが存在するのです。

そこで、この章ではやる気の科学的な伸ばし方について見ていきましょう。
特に、日々の生活の中で、子どものやる気が引き出せる声かけの方法に焦点を当てて解説していきます。

人間のやる気の根っこはたった３つ

まずは、私たちのやる気がどのように湧き出てくるのか理解しておきましょう。

そのために「自己決定理論」という心理学理論を押さえておく必要があります。この理論のメインとなる考え方は、以下のように説明できます。

人間のやる気の根本にあるのは、人とのつながり（関係性）、自分が何かできるという感覚（有能感）、それから、自分が決断したことを自分の意思に沿ってやっているという感覚（自律性）である。

これら「心の三大欲求」が満たされると、私たちの心が満たされる。＊1

そしてこの自己決定理論は最近になって脳科学的にも確認されてきました。

まず、私たちが「幸せだなぁ」「気持ちいいなぁ」などと感じているときに活性化されている脳のメカニズムがあります。それが「報酬系」と呼ばれています。報酬系が活発化されているとき、脳ではドーパミンが分泌されており、そのイメージから、ドーパミンは「快楽物質」などと呼ばれたりもしています。

私たちが心の三大欲求である「つながり」[*2]「できる感」[*3]「自分から感」[*4]を感じるとき、まさにこの報酬系が活性化していることがわかっています。

誰かと一緒に何かをしたり、誰かのために行動したり、他の人とのコラボができそうだなと期待したりして、「つながり」を感じるとドーパミンがジュワッ。

何かができたり、学べたり、達成できたとき、また、何かができそうだと予感したときは「できる感」でドーパミンがドバッ。

そして、誰に言われたわけでもなく、自分の心から湧き上がる意思で何かをやっているときは、「自分から感」でドーパミン・ラッシュ！

これはもちろん、子どもたちにとっても同様で、心の三大欲求が満たされる対象にやる気が向かっていくように脳がデザインされているのです。

つまり、子どもたちのやる気を最も効率的に促すには、「つながり」「できる感」「自分から感」が得られるような環境を作り出してあげればいいということになります。

「やる気」には2種類ある

もう一つ、子どものやる気に関して知っておくべき重要なポイントがあります。

それは自己決定理論のメイン要素である「内発的やる気」と「外発的やる気」の区別です。

「内発的やる気」とは、何かをやること自体に動機づけられている状態のことです。

たとえば、プチプチつぶし。プチプチをつぶしたからといって、物がもらえたり、褒められたりするわけではないし、つぶさなかったからといって、罰を受けるわけでもありません。でも、プチプチをつぶすことそれ自体を心が求めてしまう。

そうであれば、プチプチをつぶすことに内発的やる気を持っているということになります。

それに対して、**「外発的やる気」は、何かをやることから発生する報酬や罰などによる動機づけのこと**です。

たとえば、部屋の掃除はやりたくないけれども、やらないと叱られるからやる。

これは、外発的やる気ということになります。

つまり、内発的やる気は報酬や罰がなくても「やりたいからやる」。外発的やる気は「ご褒美目当て」や「罰逃れ」のためにやっている、というイメージです。

さて、子どもが同じことにやる気を感じているときでも、それが内発的やる気なのか、外発的やる気なのかは、場合によって異なるので注意が必要です。

たとえば、英語の勉強のやる気について考えてみましょう。

まず、日本育ちの日本人の子ども、メイちゃんのケース。

メイちゃんは英語が大好き。英語の文字や音に触れていると、異文化を感じることができ、英語を学ぶその体験そのものが面白いと感じているようです。

この場合、英語を学ぶこと自体を楽しんでいる状態だと考えられるので、内発的やる気に動機づけられていることになります。

次に、同じく日本生まれ日本育ちのハルトくん。メイちゃん同様、英語が大好きです。勉強すると褒めてもらえるし、いい点を取るとお小遣いが増える。いっぱい褒めてもらいたいし、ほしいものもあるから、英語がやりたくて仕方ない。

この場合は、英語を学ぶことによって発生する「褒められる」「お小遣い」といった報酬に動機づけられているので、外発的やる気であるといえます。

メイちゃんも、ハルトくんも、同じ英語好きなのですが、英語を勉強すること自体に

「楽しい！」とやる気を感じているのか、「いい点を取って褒められたい！」とやる気を感じているのかの違いがあるわけです。

ご褒美が子どものやる気を奪う

そして、その違いが大きな違いを生みます。

自己決定理論の心理学研究で明らかになった最重要ポイントは、**持つべきは内発的やる気だ**ということ。

大事な点なので、しっかりと解説していきましょう。まず理解するべきポイントはこれです。

外発的やる気は内発的やる気を壊してしまう。

以下のようなケースを想像してみましょう。

9歳で小学4年生のケントくん。この前買ってもらったノートパソコンで、タイピングの練習ゲームをしています。

ケントくんは、始めたばかりのタイピング・ゲームが楽しくて楽しくて、仕方ありません。

この場合、タイピング・ゲームをやること自体が動機づけられているので、ケントくんは内発的に動機づけられているといえます。

さて、ここで、「次のステージをクリアできたら、１００円あげるよ」と親に言われたとしましょう。

つまり、ケントくんが内発的やる気を持っているところに、あえて「お小遣い」という外発的報酬が与えられるのです。

さあ、これはケントくんのやる気にどのような影響を与えるでしょうか？

これまでの自己決定理論の研究によれば、ケントくんは、お小遣いがないとタイピング・ゲームをやらなくなってしまうというのです。

つまり、ケントくんがもともと持っていたタイピング・ゲームへの内発的やる気が、お小遣いという外発的報酬に乗っ取られてしまうのです。

そして、一度そうなってしまうと、今度は外発的やる気であるお小遣いなしではタイピングをやる気にならなくなってしまう。

この現象は20世紀末に発見され、自己決定理論ブームのきっかけとなりました。[*5]

しかし、外発的報酬を得ることで、やる気が上がったり、ポジティブな気分になったりするのは悪いことなんだろうか?

特に、結果に追われる世知辛いＡＩ時代を過ごす私たちにとっては、外発的報酬にさらされることで気分が上下するのは、避けがたい現実でもあります。

こうした指摘は実に的を射ていますが、注意が必要です。

なぜなら、**外発的報酬に基づく自己肯定感は短期的には高い効果を示すものの、長期的に依存していると、心にも体にも悪影響がでてくる**からです。

たとえば、経済的な動機づけを求めがちな人は、総合的な自己肯定感が低くネガティブ思考に陥りがちで、うつや不安を抱えやすいことがわかっています。[*6]ステータスや見た目の良さなどを求める場合も同様です。友人、恋愛、家族など、人間関係に問題が出てくるだけでなく、精神面以外にも頭痛や肩こりなど身体的な悪影響が出てくることが報告されています。[*7]

ことに高校生や大学生では、外発的報酬を求め続けることで、タバコや酒、ドラッグなどに依存してしまうリスクが高まるので要注意です。[*8*9]

つまり、外発的報酬で気分がよくなり、一時的にやる気が上がったように見えても、それでよしとしてはいけないわけです。

お小遣い作戦を効果的に使う心理学メソッド

ただ、外発的やる気が一時的に子どものやる気を強く促すのも見逃せない事実。

たとえば、お小遣いなどの報酬をあげたりすると、子どもがやるべきことをしてくれるので、ついつい外発的な動機づけを使ってしまうのも、忙しい子育ての現場では仕方のないことです。

また、あまりに子どものやる気が出ない、もしくは、やるべきことを嫌がっているときなどには、罰や報酬などの外発的な動機づけに走らざるをえないこともあるでしょう。

そこで、子どもの内発的やる気と外発的やる気について、以下の2つのことを意識してみてください。

まず、**やる気がある、ないだけではなく子どもが何に対してやる気を見いだしている**

かをじっくり観察しましょう。

やること自体に満足して内発的に動機づけられているのか？　それとも、やったことからもらえる報酬などで外発的に動機づけられているのか？

子どもと対話して、何にやる気が向いているのかをじっくり考えるのもいいでしょう。

そして、**子どもが内発的やる気を出しているときは、そのやる気をそいでしまわないように、外発的報酬をぐっと堪えて、見守ってあげましょう。**

もし、**子どもが外発的報酬や罰によって動機づけられてしまっているようであれば、徐々に外発的報酬や罰を取り除いていくプランを立てましょう。**

報酬の頻度を減らしたり、報酬を少なくしていったり、報酬をあげたりあげなかったり、ランダムにしてみるのが効果的です。

そして、残念ながら、長期間にわたって、外発的報酬だけにしかやる気を感じられないのであれば、現在の活動を続けていくべきか考え直す必要があります。

子どものやる気がないことに対して、やむをえず一時的に外発的な動機づけを使う場合も、外発的報酬や罰の頻度を将来的には減らしていく方向で覚悟を決めましょう。

報酬の頻度や量を調整し、やっていくうちに本当の楽しみが見つけやすいように、子どもがやっていることの意義や楽しさを語りかけてあげましょう。

心理学的に正しい子どもの褒め方

さて、お小遣いに並んで、あなどれない外発的な動機づけに、褒め言葉があります。

「褒め方」については、「褒めるとよい」「褒めると悪い」「ああした方がよい」「こうした方がよい」など、さまざまに研究が進んできました。

ここでは、スタンフォード大学の社会心理学者マーク・レッパー教授とその弟子であるリード大学のジェニファー・ヘンダーロング教授の「褒め方」研究の総まとめから[*10]子どもを褒めるときに考えるべき4つのポイントをまとめておきましょう。

まず大事なのが、褒め方に真実味があるかないか。

嘘ならば、子どもを褒めても意味がありません。それどころか、子どもはすぐに感じ取ってしまい逆効果です。

いろいろな教育方法を意識するあまり、自分の本心ではないことを言ってしまわないように気を付けましょう。

さらに、本気で褒めている場合でも、あまりに抽象的、大げさになり過ぎてしまってもダメです。

「世界で一番！」などと褒めても、子どもはすぐに自分よりもすごい人に出会います。その場合、褒め言葉と相反する事実が見つかったことになり、褒め言葉の真実味が失われてしまいます。

基本に返って、子どもに真実味をもって伝わるような褒め方を考えましょう。

「結果」と「努力」どちらを褒めるのが効果的？

次に子どもの何を褒めるのかが肝心です。

まず、子どもができたことの結果を褒めるのは要注意。

「よくできたね！」と、褒めてあげたくなるのは親として自然な感覚ですが、子どもができたことばかりを褒めていると、子どもは次も同じように「よくできた！」と言われるような行動をとろうとしてしまいます。

その結果、「できる」とわかっている簡単なものしかやらなくなってしまったり、できないかもしれないと感じる難しいものに取り組んだときに、プレッシャーに感じ、やる気が出なくなったりしてしまいます。

一方で、子どもの結果を褒め過ぎてはいけないのに対して、子どもの努力を褒めるのは効果的です。

たとえば、成績。数学の才能やしっかりした性格を直接的に褒めるのではなく、「たくさん頑張ったから、すごくできるようになったね」「意識して努力しているから、どんどん自分でできるようになってきたね」などと伝えてみてください。成果ではなく、努力のプロセスを褒めてあげましょう。

しかし、努力を強調し過ぎてもいけません。なんでもバランスが肝心です。

たとえば、算数好きの3年生アリサちゃん。少し上の学年の問題集に取り組んでいます。

上の学年の問題でもスイスイ朝飯前。楽しく簡単に解いていきます。

そこでやさしい先生がアリサちゃんの努力を褒めようとして「すごくよく頑張ったね」の一言。

アリサちゃんには頑張る必要のない、簡単な問題。それだけにアリサちゃんは的外れの褒め言葉に困惑して、先生からあまり理解してもらっていないように感じてしまうかもしれません。

それどころか、先生からみたら必要以上に頑張っているように見えた、つまり裏を返せば、頑張らずに解けるべき問題だったのかもしれないと思ってしまうことだってあります。

そうなれば、アリサちゃんは、自分の能力が低いというイメージをもってしまいかねません。

そういった事態を避けるためにも、前述した褒め方の真実味のポイントに戻って、努力を褒めるときにもほどほどに真実味をもって伝えるように心がけましょう。

おだててやる気にさせてはいけない

さらに3つ目の褒め方のポイントとして、**釣ることを目的に褒めてはいけません。**

なぜ子どもを褒めているのかを正直な気持ちで振り返りましょう。

素直な気持ちを表すため、教育的なサポートをするため、といった自然な目的なら問題ありません。

一方で、褒めることで子どもの行動をコントロールしようとすれば、子どもは敏感に察知してしまいます。

そうなってしまっては、その後の褒め言葉も素直に受け入れられず、子どもとの関係性がギクシャクしてしまいかねません。

また、仮に子どもを褒めて、行動のコントロールに成功した場合も大いに気を付けなくてはいけません。

その場合、子どもは褒め言葉を期待して行動しているので、褒め言葉がないとやらなくなってしまいます。

また、褒め言葉の報酬によるコントロールが長期的に続けば、外発的やる気のリスクが心や体に影響を及ぼしかねません。

「比較」は「結果」よりたちの悪い褒め方

最後に、自分の子どもと他の子どもの能力を比較するのはやめましょう。

子どもができたことを褒めるときに、「クラスで1番ね！」とか、「○○ちゃんよりできたのね」とか、ついつい日常の子育ての中で、ポロッと口から出てしまうもの。

さらに、そうした周りとの比較で、子どものやる気がアップしたなどの効果を体験したことさえある方も多いかもしれません。

実際に、社会的比較による褒め言葉が、子どもを一時的に強く動機づけることがこれまでの研究でもわかっています。

しかし、問題なのは長期的なやる気をサポートできるかどうかです。

人生には変化がつきもので、子どもの学校や塾が変わることも、順位や評価が悪くなることも、いつだって起こりえます。

また、褒めるほどに順位が上がっている場合には、より競争の激しい環境に子どもが身を置くようになり、これまでのような結果が得られなくなります。

たとえば、地元の学校ではオール5だったのに、進学校に入学するとそこではオール3。そんなことだってしばしば起こりうるのです。

そうなると、比較による動機づけだけでは、子どものやる気が簡単にへし折られてしまうことになります。

さらに、状況の変化がなかったとしても、周りとの比較は、勉強から発生する結果に基づくので、外発的やる気にあたります。

そのため、周りとの比較からくるやる気は、長期的には、心や体の健康に悪影響を及ぼしてしまうことになるのです。

親からの「決めつけ」が子どもを呪う

褒め方以外にも、子どもへの声かけで注意しておくべき点があります。

それは、**親からの決めつけを子どもに押し付けない**こと。

たとえば、「あなたは女の子だから、文系脳よね」。こんな何気ない声かけにも実は危険が潜んでいるのです。


それを理解するために、「ステレオタイプの脅威（stereotype threat）」という概念を押さえておきましょう。

これは、スタンフォード大学の心理学教授クロード・スティールらの研究から幅広く知られるようになった重要トピックです。

「ステレオタイプ」とは、人種や性別、年齢などに関する決めつけのこと。

「この人種はあの人種よりもスポーツに長けている」

「男子の方が理系分野で優秀である」

こうしたステレオタイプは、科学的に誤りだと示されても、まだまだ根強く社会に残っています。


「ステレオタイプの脅威」とは、そうしたネガティブで誤ったステレオタイプでも、それを意識することによって、その通りの悪影響が現れてしまう現象です。

たとえば、「女性は理系に向かない」。これは誤ったステレオタイプですが、まだまだ根強く意識されています。


たとえば、女子高生のサクラさんが数学のテストを受けます。

テストの初めに自分の性別をチェックする項目があり、サクラさんは「女」をマークして、テストを始めていきます。

そして非常に興味深いことに、サクラさんがこのように自分が女性であることを意識してテストを受けた場合、意識しない場合よりも、成績が下がりがちになってしまうというのです。[*11]

理由はシンプルで、誤ったステレオタイプでも、それを意識することによって、無意識のプレッシャーにつながり、実際のパフォーマンスに悪影響が出てくるからです。

こうしたステレオタイプの脅威は人種や性別、年齢などに関するものも含めて、他にも多数存在することが知られています。

さらに、ステレオタイプなどによるレッテル貼りは、子どもの能力を決めつけて意識させることによって、固定マインドセットにつながってしまいます。

実際、「○○さん、数学むいてないから」「××ちゃん、運動音痴だもんね」などといった、親や教師の日常での何気ない言葉が、子どもたちに能力のレッテルを押し付けて、固定マインドセットに誘発してしまっていることがこれまでの研究でも明らかにされています。[*12]

そのため、子どもの能力や性格を決めつけて、今後も変わることのない固定的な特徴であるかの如く語ることには十分に注意が必要です。

前述のように固定マインドセットは、子どもの成長の足枷になってしまいます。持つべきはやはり、成長マインドセットなのです。

こうした理由から、**「勉強ができない」と言って子どもを育てれば、本当に勉強ができなくなってしまう**と肝に銘じておきましょう。

「ポジティブな決めつけ」にも注意が必要

また、ネガティブなステレオタイプだけでなく、ポジティブなステレオタイプにも気を付けましょう。

たとえば、「しおりちゃん、小さい頃から国語ができたよね、女の子だもんね」「お父さんに似て勉強が得意ね」というような声かけ。

こうした声かけはポジティブではあるものの、性別や血筋などの生まれ持って与えられた事柄にレッテルを貼ってしまいます。

自分が既に与えられた、変えることができないものに対するポジティブな期待は、時に必要以上のプレッシャーになりかねません。

将来、国語の成績が下がったり、勉強が得意でなくなってしまった場合に、「女なのに国語ができないなんて」「お父さんの子なのに」などと感じてしまうかもしれません。

それでは、変えられない自分の生まれ持った特徴をポジティブに捉えている場合でも、それが逆に大きなプレッシャーになってしまい悪影響が出かねません。

このように、子どもを優しくサポートするかのようなポジティブなレッテル付けも、看過できない危険性をはらんでいます。

ネガティブでもポジティブでも、子どもにレッテルを貼り過ぎないように日頃から肝に銘じておきましょう。

絶対にやってはいけない最悪の声かけ

次に、子どもが間違えたときの声かけについても解説しておきましょう。

第1章で見たように、間違えた瞬間が学ぶための最大のチャンスです。

そんなとき、ネガティブな言葉でまくし立ててしまうと、子どもはちぢこまってしまいます。

子どもの学ぶ姿勢を萎縮させて、間違いを避ける習慣がついてしまうと、最高の学習機会が無に期してしまいます。

そこでいくつか誤った声かけの例を見ながら、考えていきましょう。


「そんな簡単な問題、なんでできないの」

ひどい声かけとはわかっていても、ついつい力が入ると似た言葉が口をついて出てしまうものです。

まず、「そんな簡単な問題」と決めつけてはいけません。

「簡単なはずなのに、自分にはそれができない」と、子どもに思わせてしまったら、勉強が嫌になってしまいます。

学習の難易度や教材のレベルは、子どもの現在の進度や能力に合わせなければいけません。

親が決めつけた難易度のレベルに子どもを無理やり当てはめようとするのは本末転倒で、逆効果になってしまいます。

もし、教材のレベルが子どもの現在の学習進度に合っていないのならば、子どもをまくし立てずに、必要なレベルに達するための具体的なサポートを考えたり、現在の教材が子どもにフィットしているかを再評価してあげましょう。

「本当にがっかり」

こちらはまず「がっかり」などと、親側のネガティブな主観を一方的に表現してしまっているのがまずいでしょう。

頑張って問題に取り組み、その努力が生み出した結果が、目の前にいる大切な人をがっかりさせてしまった。子どもにそう感じさせては、学習への意欲をそぐだけです。

子どもが間違ったり、学習の評価が基準に達していない場合には、主観に基づくネガティブな表現を避けましょう。

より客観的な視点からアプローチして、どこがどのように間違っているのかを説明して、子どもが次のステップに進めるように手がかりを与えることが大切です。


「もう1回やってみて」


確かに、反復練習が必要な学習過程もあります。

しかし、一度できなかったものを単に繰り返すように指示するだけでは、どうやり直したらいいかがわかりません。

もう一回というのであれば、2回目にチャレンジするためのアドバイスや、次のステップをサポートしてから、再挑戦を促すべきです。

単に、「やり直せ！」だけでは、どうしたらいいかわからず、学習への嫌悪感だけが焼き付いてしまいます。

子どもが間違えたときの正解の声かけ

子どもが間違えたとき、まずは、子どもがその問題にチャレンジしたこと自体を褒めてあげましょう。

教材のレベルが高かったにもかかわらずチャレンジができたことや、間違いから新たな学びを得る機会ができたことなどについて、ポジティブに褒めてあげるのが、ベストな声かけです。

子どもが間違えたときには、以下の点に注意して、声をかけましょう。

1. 間違ったその瞬間にこそ脳が効果的に学べることを伝える。
2. チャレンジしたこと自体を褒める。
3. ネガティブな主観を表さず、間違いを客観的に説明する。
4. 問題が子どもの学習進度に合っているかどうか考える。

5．やり直しの場合は、やり方の方向性をアドバイスする。

これらの点に注意すると、たとえば、以下のような声かけができます。

「難しかったね。でも、よくチャレンジしました。ここがこうなので、ああしなくてはいけないの。この点に注意して、こっちの問題をやってみたらどう？」

また、子どもが問題に取り組んで間違えるのではなく、「わからない」と報告するような状況もあります。その場合も、この考え方を応用しましょう。

何かがわからないということがわかるのは、その何かについて考えてみたからわかること。まずはその姿勢を認めてあげることから始めましょう。

その上で、問題の考え方をアドバイスしたり、ヒントを出してあげます。

一方で、「わからない」が、単にその課題をやりたくないという意思表示の場合もあります。

そう判断したならば、現在の学習方法や条件が子どもの学びに合っていないと仮定して、変えられる点を考えてあげましょう。

まとめ

⑮ 人間のやる気のベースは、「心の三大欲求」。人とのつながり（関係性）、自分が何かできるという感覚（有能感）、自分が決断したことを自分の意思にのっとってやっているという感覚（自律性）。

⑯ 子どものやる気を上げるには「心の三大欲求」を満たせる環境を考える。
- 友達や他の大人たちとコラボしたり、触れ合ったりする機会があるか？
- 達成感が得られるか。すぐにはできなかったとしても、できると感じられることか？
- 命令でやらされていると感じないか？ 細かく指導されて、自分から感を失っていないか？

⑰ 「内発的やる気」は、それをやること自体に動機づけられている状態。「外発的やる気」は、それをやったことによる結果に対するやる気。

⑱ 持つべきやる気は内発的やる気。外発的やる気は短期的に強いものの、長期的に依存していると、心にも体にも悪影響を及ぼす。

⑲子どもが何にやる気を見いだしているかをじっくり観察し、子どもの内発的やる気が出ているときは、外発的報酬をぐっと堪える。子どもが外発的報酬や罰によってやる気を出しているときは、徐々に外発的報酬や罰を取り除くプランを立てる。

⑳真実味のある褒め方をする：大げさだったり、抽象的な褒め方は避ける。「世界一！」「日本一！」「なんでもできる！」はダメ。

㉑努力を適度に褒める：結果だけを褒め過ぎると、子どもはできそうなものばかりやるように。子どもの努力や頑張りのプロセスの方を褒めよう。

㉒褒めて釣るのは厳禁：褒めることでやる気をつり上げようと意図するのは厳禁。子どもも気づくし、外発的やる気につながるので、要注意。

㉓比較によるやる気はダメ：周りとの比較で褒めるのは、結果や才能を褒めるのよりもたちが悪い。

㉔ステレオタイプを意識してしまうと、パフォーマンスが下がる。同様に、子どもにレッテルを貼ると、子どものパフォーマンスに悪影響が出かねない。

㉕子どもが間違えたときの声かけのポイント

○間違いは最高の学習の機会であることを伝える。
○チャレンジしたこと自体を褒める。
○ネガティブな主観を表さず、間違いを客観的に説明する。
○問題が子どもの学習進度に合っているかどうか考える。
○やり直しの場合は、やり方の方向性をアドバイスする。

第3章

伸びる子どもに育てるために親ができること

「しつけ？」「のびのび？」科学的答えって？

子どもが言うことをなかなか聞いてくれない。

なんでも自分勝手にやってしまう。

宿題やお手伝い、やるべきこと、やってほしいことは、嫌がってそっちのけ。

どれもよくある子育ての悩み。どのように対応するのがベストなのでしょうか？

主な解決法には大きく分けて2つの方向性があり、どっちもそれらしいので、誰もが悩まされてしまいます。

一つは「しつけ派」のアプローチです。

子どもが言うことを聞かない場合、厳しく叱ったり罰を与えたり。

悪い行動は悪いとしっかりと教え、罪悪感を植え付けることで、子どもが正しいことを理解し、成熟した大人になっていく。

しっかりした「しつけ」が子どもの将来のためになる。

うーん、ちょっと極端かもしれませんが、やはり、これはこれで、とっても理にかなっているように聞こえます。

叱りつけたり、罰を与えたりすることによる、子どもの心への影響も心配にはなるものの、実際に「しつけ派」のやり方で、子どもの行動が変わったり、親の言うことを聞いてくれるようになるのも事実。

これは、かなり説得力がある子育て法です。

これと対極的なのが「のびのび派」のアプローチです。

子どもが言うことを聞かないのは、子どもの自我が表れているから。

それだけに、子どもの自発的な気持ちを無視したり、行動を拘束し過ぎてはいけない。

叱ったり、罰を与えて力ずくで抑えつけたりするなんて、もっての外。

子どもの気持ちや選択をできるだけ理解、尊重することが重要で、どうしてもいけないことは、子どもに寄り添って、根気強くダメなことを説明すべき。

うーん、これも悩ましい！

子どもに寄り添って、子どもの気持ちや選択を尊重したい。

その場その場では、叱ったり罰を与えたりする方がラクだけど、長期的な子どもの成長から見ると、辛抱強く寄り添って、子どもの自律性を助けてあげた方が理想的な気がする。

やり通せる自信はないけれど……。

「しつけ派」？「のびのび派」？

どちらが子どもの将来のためになるのでしょうか？

実は、**これまでの研究で「しつけ派」か「のびのび派」か、どちらかの方法に偏ってしまうと、子どもの将来に悪影響が出てきてしまうことが明らかになってきました。**

この章では科学の出した答えを徹底解説していきます。

その答えを知った上で、子育てのアプローチに生かしていくことが必要です。

できる子の親は自然と避けている子育て法

子どもに「ああしろ」「こうしろ」と支配的なプレッシャーをかけて、脅しや叱り、時には力ずくで子どもをコントロール。

「ああできるように」「こうできるように」と子どものことを思えば思うほど、ついついがみがみと口を出してしまうのも親心です。

そうした「しつけ派」の子育ては、「コントロール型（controlling）」の子育てと呼ばれています。

この「コントロール型」の子育て。
実は子どもの心や体にとって、多大なる悪影響につながることがわかっています。

なぜそうなるのでしょうか。
第2章（71ページ）で解説した「心の三大欲求」を思い出しましょう。
人間の心は、根本的に「つながり」「できる感」「自分から感」を求めています。
それらが満たされると人間の心が満たされて、良い精神状態でいられます。

しかし、「コントロール型」の子育てで子どもに「ああしろ」「こうしろ」と指図してしまえば、心の三大欲求の一つである「自分から感」をかき消すことになってしまいます。

そうなったときの子どもの反応には、大きく分けて2つのパターンがあります。[*1]

一つはプレッシャーに抑え込まれながら我慢して従うパターン。

このパターンは、親のコントロールを嫌々ながらも心の中で我慢して受け入れているので、「内面化（internalization）」と呼ばれています。

子どもが親のコントロールを**内面化したときは、不安症[*2]やうつ病[*3]、摂食障害[*4]などのリスクが高まってしまうことが知られています。**

もう一つが親のコントロールを拒否するパターン。

これは、親のコントロールを受け入れないので、「内面化」に対して、「外面化（externalization）」と呼ばれています。

そして、親のコントロールを子どもが**外面化すると、子どもの感情のコントロールが難しくなったり[*5]、反社会的な行動につながります[*6]。**

つまり、どちらのパターンでも、子どもの将来には悪影響になるのです。

このように、「しつけ派」の子育てをやり過ぎると、子どもの心や体、社会的リスクにつながってしまうことが最新の研究で明らかになってきています。

良かれと思ってやりがちな最悪の子育て習慣3つ

「しつけ派」の子育てをやり過ぎてはいけないことがわかりました。

では、具体的にはどういうところに、気を付けていったらいいのでしょうか？

まずは、コントロール型子育てには3つの典型的なパターンがある[*7]ことを押さえておきましょう。

パターン1　罰で脅す

「勉強しないと、ゲームさせないよ」

「ケンカしたら、おやつ抜きだからね」

忙しい日々の子育ての中で、こんな言葉がついつい出てしまうときもあるかもしれません。

子どもに何かをやらせようと罰として楽しみを取り上げたり、嫌がることで脅す。道徳的にも脅しがよくないのは当然ですが、科学的にも子どもの心やパフォーマンスに悪影響が出るので、注意して避けるのが得策です。

パターン2　過度な期待でプレッシャーをかける

「●●ちゃん〇〇が得意だから、クラスで1番になれるよ！」

子どもの成績や結果を純粋に褒めてあげたいけれど、ついつい期待混じりになってしまうことがあるかもしれません。

褒め言葉に結果や比較を持ち出すのはダメだということは、第2章で解説した通りです（88ページ）。

さらに能力や比較で褒めなかったとしても、子どもに親の期待を押し付けるのは厳禁です。

「〇〇ちゃんならできるから、やらないと！」

親からの高いパフォーマンスの期待を表現することで、子どもにプレッシャーがかかってしまいます。

その結果、自分から進んで取り組もうとする「自分から感」ではなく、親の期待からのプレッシャーにコントロールされてしまうようになるのです。

このように、過度の期待でプレッシャーをかけるのは「コントロール型」の子育ての典型例の一つです。

子どもに期待すればするほど、プレッシャーによるコントロールにつながってしまいがちです。

良かれと思って声をかけても、科学的には全く逆効果になるので要注意です。

パターン3　罪悪感を植え付ける

「何やってるの。ダメでしょ。なんでわからないの？」

子どもが繰り返し言うことを聞かずにいけないことをして、ついカッとなり感情的に叱りつけてしまう。

よくある子育ての風景のようですが、このやり方が逆効果だということが、これまでの心理学の蓄積から明らかになりました。

そうした声かけで、子どもが、罪悪感や羞恥心にコントロールされるようになってしまい、前述のようなコントロール型の子育てによる心や体のリスクにさらされてしまうのです。

ダメなことをしっかり伝えることと、強い罪悪感や羞恥心を植え付けてしまうように感情的に叱りつけることは違います。

罪悪感や羞恥心のコントロールではなく、子どもが自分から自発的に考えて、やらない選択ができるようにサポートをすることが必要なのです。

言っていることはわかるが、単なる理想論ではないか、と思われる方もいるかもしれません。

確かに、日頃から気を付けてコントロール型の子育ての3つのパターンを避けようとしていても、ついつい罰やプレッシャー、罪悪感で脅してしまうこともあるでしょう。

コントロール型の子育ての良し悪し

たとえば、食事中のスマホ。

いくら説明しても、毎日食事をしながらスマホを触る子ども。優しく説明しても、やめてくれない。

らちが明かないので、強く叱っていく。そうしているうちに、食事中は諦めてくれた。

強く叱ったり、脅したりすると、子どもが実際に言うことを聞いてくれるようになるので、子どもの良い習慣のために、とついついコントロール型の子育てをやってしまうこともあるでしょう。

また、コントロールは脅しによるものだけではありません。

たとえば、子どもが宿題をやってくれない。

自分から机に向かって、やるべき宿題や勉強をしたときに、大げさに褒めたり、お小遣いをあげる。

ご褒美作戦で、うまく子どもの習慣を変えられた親も多くいます。

それもそのはずで、脅しや罰、お小遣いによるコントロールは、実際に、かなり効果的に、子どもの行動を変えてくれます。

それは、前述した「外発的やる気」が一時的には非常に強く働くからに他なりません。

どうしても子どもがやるべき行動をしてくれないとき、コントロール型の子育てをしてしまうこともあるでしょう。

それ以外に方法がない場合もあるかもしれません。

しかし、外発的やる気は長期的には、子どもに悪影響を及ぼします。

コントロール型の子育てが短期的に効果的だったとしても、頻繁に長期的にやってしまうのは好ましくありません。

自分がコントロール型の子育てを「やってしまった」「やってしまっていた」などと気づいたら、すぐに意識して、その頻度を減らしていく努力をしなくてはいけません。

子どもを総合的に伸ばす「自律性」

さて、コントロール型子育てが、極力避けるべきダメ子育てであるならば、「のびのび派」の子育てはどうでしょうか？

これが、まさに対照的！

「のびのび派」の子育てで、子どもの自律性、つまり、「自分からやろうとする気持ち」をサポートしていくと、たくさんのいい効果があることがわかっています。

- 幸福感や自己肯定感が上がる。[*8]
- 社会貢献の気持ちが増す。[*9]
- 好奇心とやる気が強くなる。[*10]
- 自信がアップする。[*11]
- 成績が上がる。[*12]
- 学校が好きになり、より頑張る。[*13]

このように、「のびのび派」の**自律サポート型子育ては、子どもの心の安定と健全な社会性を育むだけでなく、成績や学校でのパフォーマンスまでアップさせる**のです。

ではなぜ、自律サポートが、子どもに良い影響を与えるのでしょうか？

それはズバリ、「自律性」が私たちの「心の三大欲求」の一つだからです。

「自分から感」を持てるようにサポートすることで、子どもの心が安定し、やる気や自信につながり、その結果、パフォーマンスも良くなり、「できる感」にもつながります。

さらに、親が子どもに自律サポートを心がける上で、子どもの意思を尊重する姿勢を示すことができ、良い親子の「つながり」を育むことができるのです。

つまり**「自律サポート型」子育ては、人間の「心の三大欲求」を全て満たして、子どもの心にポジティブな流れを作ってくれるのです。**

「自分からできる」と自分勝手や自由奔放は違う

うーん、なんだか腑に落ちない。

たとえば、子どもに自分勝手にやらせては、協調性がなくなってしまうのではないか？

ここで注意すべきは、「自律心」は、「自分勝手」や「全く制限のない自由」を意味するわけではないということです。

実際に、自分の意思で好んで周りと協調性を持ちながら他の人たちとコラボしたり、自分から納得した上で、進んで積極的にルールに従うことだってあるでしょう。

たとえば、赤信号で止まるのはルールだからという以上に、止まらないのは危険だと納得しての自分のチョイスなのです。

ゆえに、**「自律性」「自分から」と、「自由」「自分勝手」は全く別の概念です。**

では逆に、子どもの自律を促したら、かわいそうだという見方はどうでしょうか？　まだまだ周りの助けが必要な子どもが、誰にも頼らず自分自身でやるなんて、無理なのではないか。そんなふうに感じることもあるかもしれません。

こちらも、よくある疑問ですが、先ほど同様、「自律性」と「周りを必要としない」「独立している」などの考え方は区別して考える必要があります。

たとえば、自ら望んで人からの助けを得たり、自分で積極的に周りと協力して、やりたいことを成し遂げたりすることはよくあることです。

そういった行動も自分からの意思に基づいた、自律的な行動といえるのです。

大注目の「自律サポート型」子育てとは？

それでは、「自律サポート型」子育てをするにはどうしたらいいのでしょうか？

自律サポートの基本要素はズバリ、共感、説明、自己決定です。

これら3つの要素は、これまでの心理学の関連研究で自律サポート型子育ての基本として注目されてきました。

その効果についても、これまでに十分なエビデンスが積み重ねられています。[*14]

子どもが何かすべきことを嫌がっているところを想像してみてください。

宿題でも、部屋掃除でも構いません。

そんなとき、自律サポート型子育ての共感、説明、自己決定の3要素をどのように生かしていけばいいのかを見ていきましょう。

自律サポートの基本要素1　共感から始める

嫌がっている子どもに、「やりなさい！」「なんでやらないの？」と声をかけてしまっては、子どもの感情を逆なでして、子どもとの気持ちとの対立を深めてしまいます。

それでは、子どもの方も、嫌なものが余計に嫌になってしまいます。また、親子の関係性も悪化してしまいかねません。

さらに、無理やり罰やプレッシャーで脅したり、罪悪感を植え付けたりすることにつながってしまい、「コントロール型」の子育てになってしまいます。

子どもが嫌がっているときは、まず、子どものやりたくないという気持ちに理解を示してあげることから始めましょう。

一言目に、優しく「嫌なんだね」「そうだよね、大変だよね」などと、子どもが嫌だとか、大変だとか思っている気持ちを復唱してあげましょう。

そのように言うのは、嫌だからやらないでいいと認めることにはなりません。あくまで、子どもが嫌だという気持ちでいることを受け入れて、そのことがわかっていると最初に示すことが大事なのです。


また、そうやって共感を示してから、子どもの気持ちを少し落ち着かせた上で、子どもがなぜやりたくないと思っているのかを丁寧に聞いてみましょう。

「なんでそう思うのかな？」と聞いてみても、答えがない場合には、「疲れちゃってるからだよね？」「ゲームがどうしてもしたいからかな？」などと優しいトーンで、子どもがなんでそう思っているのかの仮説をいくつか出して聞いてみましょう。

そうすることで、子どもの気持ちを理解しようとする姿勢を示すことができます。

嫌なことでも自分からやった気持ちにさせられる

続けて残り2つの「自律サポート型」子育ての基本要素も見ていきましょう。

自律サポートの基本要素2　なぜやるべきか説明する

「やらなきゃいけないものはやらなきゃいけない！」と、**やるべきことを押し付けるのではなく、子どもが理解できるようになぜやるべきなのかを説明してあげましょう。**

また、なぜやるべきかを子どもと一緒に考えたり、子どもに考えさせたりしてもOK。自分でやるべき理由を納得することは、内発的やる気を引き出す第一歩です。

さらに、「この前も嫌だった時にできたから、○○ちゃんはまた頑張れると思うんだ」などと、そのやるべきことが子どもにはできると思っていることを、伝えてあげるのも重要です。

そのことで子どものできる感を誘発して、内発的やる気を引き出すことができます。

自律サポートの基本要素3　自分で決めてもらう

子どもが嫌なことをやらなくてはいけないときでも、必ず子ども自身が決められる要素を作りましょう。

たとえば、同じことをやるにしても、やり方にいくつかの選択肢や自分で決められる機会を用意します。

宿題ならば、いつやるか、どこでやるか、どの教科からやるか。

掃除ならば、どの部屋をどの道具でやるか。

どんな小さな選択でもいいので、子どもが自分で決められる機会を作ってあげましょう。

自分で決定することを通じて、子どもの「自分から感」が上がって、内発的やる気を引き出すことができます。

小学生、中学年以上なら、自分の学習目標や学習計画を少しずつ立てられるように、サポートしていくのも「自分から感」を引き出すのに効果的です。
誰かに決められた目標や計画にコントロールされるのではなく、自分で決定することで「自分から感」を感じることができます。

親バカにならずに適度に優しくする方法

ここで「自律サポート型」子育てについてよくある疑問を見ていきましょう。
まずは最も多い以下の疑問。

親が、やるべきだと思うことをやりたがらない子どもに「共感」するのは甘やかしなのではないか？

この疑問に対する答えはズバリ、「自律サポート型」子育てに**求められている共感は、あくまで子どもの気持ちを理解することで、同じ気持ちを持つことではない**ということです。

たとえば、自分がいかに幸せな新婚生活を送っていても、親友が失恋して泣いていれば、その心の痛みを理解することはできます。

そのように自分がどう感じるかは横に置いて、相手の身になって、相手が感じていることを理解することを「認知的共感」と呼んだりもします。

この点が、「自律サポート型」子育てと「甘やかし型」のダメ子育てとの決定的な違いです。

「親バカ」「甘やかし」などと呼ばれる子育ての最大の問題点は、親が子どもと同じように感じてしまうこと。「同じ気持ち」ということで、「認知的共感」に対して「同感」と呼んでもいいでしょう。

親の子どもに対する「同感」は、子どもが自分でやるべきことを代わりにやってしまう「身代わり」や、子どもの困難を取り除く「回避措置」につながってしまいます。「身代わり」をしてしまえば、子どもが身につけるべきスキルや能力が身につかなくなってしまいます。

明日提出する宿題を親がやってしまえば、その場の提出期限はしのげるかもしれませんが、肝心の子どもの能力が身につきません。

また、子どもがつらい思いをしてしまいそうな環境を根こそぎ取り除いて、「回避措置」をとってしまえば、子どもの忍耐力をつけるチャンスがなくなってしまいます。

「甘やかし型」の子育ての3つの要素、「同感」「身代わり」「回避措置」に陥ってしまわないよう、子どもと一緒になって「嫌だ！」「やりたくない」などと「同感」してしまうことを避けましょう。

代わりに、子どもが何か嫌がっているときは、優しい口調で、「嫌なんだね」「そうだよね、大変だよね」と、子どもの気持ちを復唱して認知的共感を表してあげましょう。

その上で、やるべきことはやるべきことだという気持ちを忘れずに、自律サポート型子育ての残り2つの基本要素「説明」と「自己決定」のプロセスに入っていくことが大切です。

育児放棄にならないために気を付けるべき3つのこと

さて、この「甘やかし型」の子育ての対極といえるのが「突き放し型」のダメ子育てです。

嫌がっている子どもに共感して優しくすると、子どもがつけあがる。そうなれば、いつまでもやるべきことができるようにならない。

親の役割として、少々きつくても、やるべきだというメッセージを伝えなければならないのではないか。

子どもがかわいいなら、今後のことを思って、逆に突き放すべし！

「自律サポート型」と聞いたとき、この「突き放し型」の子育てをイメージしてしまう場合をしばしば見かけます。

こうした意見について、２つ指摘しておきましょう。

まず、**子どもがやりたくないという気持ちに共感を示すことと、やるべきことをやるべきこととしてしっかりと伝えることは、相反することではありません。**

「嫌なんだね。これ大変だもんね」と共感してあげてから、やるべき理由を丁寧に説明することで、やるべきことをやるべきことだと子どもに伝えるのが「自律サポート型」の基本です。

それからもう一つ、「自律サポート型」子育てを心がけるときに最も重要なのが、感情的になって子どもの気持ちを無視したり、必要以上に子どもに高圧的に接するのを避けることです。

たとえば、「たいしたことない」「大丈夫、大丈夫」など、子どもが「大変だ」「嫌だ」と思っているときに子どもの気持ちを「過小評価」してはいけません。

また「なんでゲームをやめないの？」「まだ、宿題してないの？」などと、子どもの気持ちを「批判」したり、子どもの言動に反応せずに無視して怒りを表し、子どもの気持ちを拒否することもいただけません。

「過小評価」「批判」「拒否」は、「突き放し型」どころか、育児放棄にさえつながってしまいかねません。

そうならずとも、「突き放し型」の子育ては、「コントロール型」の子育てにつながり、前述のような悪い結果を招いてしまいます。

甘やかさないことと、感情的に怒鳴りつけることは違うのです。

子どもの感情を受け入れた上で、理性的にやるべきことを説明する、「自律サポート型」

子育ての基本を意識しましょう。

子どもがゲームやスマホをやめられない理由

さて、子どもがやるべきことを嫌がる場面の代表格が、ゲームをしているとき。子どもとゲームとの付き合い方は、重要な現代の子育ての課題です。

年齢や性別による差こそあれ、大半の子どもが、多くの時間をゲームに費やしています。

うまく付き合えれば、ストレス解消や学習サポートにもなり得るのですが、やり過ぎは禁物です。

生活のリズムが崩れて、睡眠や学習の時間が足りなくなり、揚げ句の果てには、うつ病や不安症などの精神疾患[*15]や薬物中毒[*16]のリスクにもつながってしまいます。

そんなリスクをはらんでいるにもかかわらず、ゲームは、プレイする子どもたちを夢中にするようにできています。

子どもたちがゲームに夢中になるのには理由があります。それは、ゲームは子どもたちの心を根本的に満たしてしまうからです。

前述の自己決定理論によれば、私たち人間の心は、心の三大欲求「つながり」「できる感」「自分から感」を求めているということでした。

そして、ゲームはまさにこれら3つの心の欲求をど真ん中から満たしてくれるのです。

たとえば、ゲームをクリアすることで「できる感」がかき立てられ、自分から進んでやるので、「自分から感」も得られます。

さらに、対戦型のものやオンラインゲームでは他の人たちとの「つながり」も感じることができるのです。[*17]

つまり、子どもたちが、ついついゲームに夢中になってしまうのは、ゲームが子ども

たちの心の根本的欲求を満たしてしまうからだといえるのです。

同様のことが、スマホやソーシャルメディア（ＳＮＳ）についてもいえます。「いいね」などの承認数が「できる感」や「つながり」の欲求を満たしたり、自発的にＳＮＳを使って情報をシェアすることで「自分から感」も得ることができます。

それだけに、子どもがゲームやＳＮＳ、スマホをやり過ぎているときに、それを修正するのは至難の業なのです。

禁止ベースの子育ての落とし穴

では、親として、子どもがゲームやＳＮＳ、スマホをやり過ぎているとき、どう対処したらいいのでしょうか。

まず、無理やり子どものデバイスを取り上げたり、使用を禁止するのは得策ではありません。

それは、ゲームやSNS、スマホがまさに子どもの心の三大欲求を満たしているものだからです。

子どもの心を満たしているものを急に力ずくで取り除いてしまったら、子どもの心にぽっかりと穴が開いた状態になってしまいかねません。

とはいえ、子育てをする中でなんらかの行動を禁止したり、やめさせなくてはいけないことは少なくないでしょう。

ことにゲームやSNS、スマホに関しては、

「今日はゲームやり過ぎだから、もう終わり！」

「SNS中毒になっちゃうからやめなさい！」

「いったいいつまでスマホやってるの？」

などと、言ってしまいがちです。

こうした声かけには、気を付けておくべき特徴があります。

それは「ダメなことベース」になってしまっていることです。


この「ダメなことベース」の声かけの問題は、「ゲームはダメ」「SNSはダメ」「スマホはダメ」と伝えるだけで、その他に何をすべきなのかを伝えられていないことです。


では、ゲームやＳＮＳ、スマホの時間を制限するのはなぜか。

誰もが、適度な使用は、ストレス解消や友人関係だけでなく、勉強にだって良い効果があると感じてはいるわけです。

しかし、やり過ぎで睡眠不足になってしまったり、食事もろくに取らなかったり、ということになってしまっては困ります。さらに、勉強などのやるべきことがおろそかになってしまっても心配です。

ということは、健全であるべき生活のバランスを壊さないように、私たちは子どものゲームやＳＮＳ、スマホを制限しようとしているのです。

そうであるならば、使用を制限すると同時に、子どもたちがやるべきことを話し合っていかなくてはいけません。

つまり、**「ダメなことベース」の声かけではなく、「バランスベース」の声かけに変えていく必要があるのです。**

「ゲームばっかりやっていると運動できないから、外に遊びに行こう」

「スマホも大事だけど、バランスが悪いから、違うことをやろう。何をやろうかな？」

このように、子どもがやるべきことや、できそうなことを提案したり、子どもと一緒に何をするとバランスの良い生活になるのかを考えていくことが大切です。

テクノロジーとの正しい3つの付き合い方

声かけなどの子どもとのコミュニケーションからさらに進んで、子どもの生活習慣の作り方について考えていきましょう。

スマホは大人だけでなく子どもたちにとっても身近なものになってきました。

スマホで動画を見たり、ゲームをやったり、SNSで友達とやりとりしたり、気がつけば何時間も画面を見ている子どもも少なくありません。

たとえば、アメリカでは、学校以外で子どもがスマホやタブレットなどの画面を見ている時間、いわゆる「スクリーンタイム」が、小学生で平均5時間、中高生で7・5時間弱にのぼるといわれています。[*18]

それだけの時間をネットやスマホに費やさないで、勉強などのやるべきことに割いてくれたなら……。

そんな気持ちが頭によぎるのも自然な親心です。

一方で、スマホなどのテクノロジーは、現代社会での生活の大事な一部。今の時代、何をするにもスマホが必要で、特に子どもたちは今後もテクノロジーあふれる社会の中で暮らしていきます。

そのため、**極端なテクノロジーからの隔離は好ましくありません。ほどほどの距離を置きながら、適度にテクノロジーを使いこなす能力を養うことが肝心です。**

特に最近ではＣｈａｔＧＰＴなどの生成ＡＩツールやメタバースなど、社会を大きく変える新しいテクノロジーがどんどん登場してきています。

そんな中、子育ての視点からも「子どもにＣｈａｔＧＰＴを使わせるべきか？」などの問題意識が聞かれるようになりました。

そこで、スマホやＳＮＳ同様、テクノロジーの危険面やデメリットだけに翻弄され、むやみやたらに禁止するのは、逆効果です。

しっかりとメリットとデメリットを理解して安全を担保した上で、子どもがテクノロジーとうまく付き合っていけるように手伝いをしていくという視点が必要とされています。

ではここで、子どもがテクノロジーとうまく付き合っていくための３つのコツ（ＴＩＰＳ）を紹介しましょう。

ＴＩＰＳ１　使わないときは遠くに隔離する

子どもたちは、勉強をしているときに、スマホが手元にあって使える状況だと、平均６分に１回はスマホを見てしまいます。[*19]

そして、勉強中にネットを見たり、[*20]ＳＮＳで関係のないメッセージをやりとりすると、[*21]学習効果や成績が下がってしまうのはいうまでもありません。

なぜなら、スマホをいじりながらの「ながら作業」は効率が悪いから。私たちの脳は「ながら作業」が非常に苦手なのです。[*22]

それだけではありません！

スマホを使わずに勉強しているときでも、近くにスマホがあるだけで、集中力やパフォーマンスが10〜20％も下がってしまうのです。[*23]

そのため、仕事や勉強のときは、スマホを使わないだけでなく、使いたくなってしまう誘惑を断ち切るために、目につかないところに遠ざけておくのが効果的です。

TIPS2　テクノロジーブレイクを使う

勉強の間に必要以上のテクノロジーを手元に置かないようにしたら、適度に休憩を取って、スマホやゲームができる時間を作ってあげましょう。[*24]

これは「テクノロジーブレイク」と呼ばれる考え方です。

テクノロジーを使ってもいいブレイク（休憩）を取るようにすることで、集中力のオンとオフの切り替えがうまくできるようになります。[*25]

やるべきことに集中できるように、集中すべきときはテクノロジーを手元から隔離して、その他の決められたタイミングで、テクノロジーを自由に使う休憩を設ける。

これは、勉強だけでなく一日の生活全体に応用できるＴＩＰＳです。

食事中や就寝時間は、スマホを禁止にして、違う部屋に置いておきましょう。

その上で、決まった時間にテクノロジーブレイクを設けます。

そうすれば、スマホゲームにハマって、無言で食卓についたり、毎晩夜更かしして寝過ごしたりするリスクを抑えることができます。

ＴＩＰＳ３　親がロールモデルになる

もちろん、食事中に子どものテクノロジーは隔離するのに、大人が目の前でスマホをいじっているようではいけません。

見ている子どもの方は不公平を感じるだけでなく、目の前に見えるテクノロジーの誘惑に駆られてしまいます。

親として、自分が子どものロールモデルになって、ルールを子どもと一緒に守りましょう。

仕事でどうしても使わなくてはいけない場合には、違う場所で子どもの気が散らないようにやる必要があります。

ゲームやスマホ時間の正しい減らし方

それでも、生活のリズムのバランスがゲームやSNS、スマホに寄り過ぎている場合には、子どものテクノロジー時間自体を減らさなくてはいけないかもしれません。

第1章で見た「習慣化の脳科学」と、この章でもたびたび考えた「心の三大欲求」を合わせると、最も効果的なテクノロジー時間の減らし方にたどり着くことができます。

基本となる考え方は、ゲーム時間をゆっくり減らしていき、減らした分、他の形で子どもの心の三大欲求を満たすこと。

以下に気を付ける点をまとめておきましょう。

ＴＩＰＳ１　２週間で15分ずつ減らす

脳の変化は少しずつなので、そのメカニズムに沿って、テクノロジー時間を少しずつ減らしていきましょう。

たとえば、テクノロジー時間を、２週間ごとに15分ずつぐらい減らしていくのがおすすめです。

そうやって、少しずつ目標の時間数に近づけていきましょう。

ＴＩＰＳ２　心の三大欲求を満たす代替物を用意する

前述のように、ゲームは心の三大欲求を満たします。

そのため、ゲーム時間を減らしたら、他に三大欲求を満たすことを子どもの生活に足してあげなければいけません。

他の人とつながる行動や、自主的にできること、能力を感じられること。

宿題やお手伝い、家族で遊びやゲームなど、達成感があり、人や自分のためになることを選びましょう。

第4章でも解説するように、人のためになることはかなり効果的です。誰か他の人を巻き込む形で、社会や人のためになることを選べると最高です。


その代替物が見つかったら、それをまず15分やってもらいます。

その後に、テクノロジーを決めた時間だけやらせてあげましょう。

このように代替物からテクノロジーの順でやるのが効果的です。

TIPS3　子どもに考えさせる

どんな代替行動をするのか、どんなスケジュールでゲーム時間を減らしていくのかなど、子どもに考えさせましょう。

子どもとの会話の機会を設けて、辛抱強く、子どもにリードさせるのが理想です。

そうすることで、子どもが「自分から感」を感じることができ、内発的やる気につながります。

まとめ

㉖「しつけ派」の子育てをやり過ぎることで、子どもの心や体、社会的リスクにつながってしまう。

㉗「コントロール型のダメ子育て」の３大パターン
- パターン１　罰で脅す
- パターン２　過度な期待でプレッシャーをかける
- パターン３　罪悪感を植え付ける

㉘「のびのび派」の「自律サポート型」子育ては、子どもの心の安定と健全な社会性を育むだけでなく、成績や学校でのパフォーマンスまでアップさせる。

㉙自律サポートの基本要素は、共感、説明、自己決定の３つ。
- 基本要素１　共感から始める：子どもが嫌がっているとき、まずは、子どもがやりたくない気持ちに理解を示してあげる。
- 基本要素２　なぜやるべきかを説明する：やるべきことを押し付けず、子どもが理解できるようになぜやるべきかを説明してあげる。
- 基本要素３　自分で決めてもらう：やり方にいくつかの選択肢を用意して、子どもが自分で決定できるようにする。

㉚「甘やかし型」のダメ子育ての3つの要素、「同感」「身代わり」「回避措置」に陥ってしまわないよう、子どもに「同感」してしまうことを避ける。

㉛「過小評価」「批判」「拒否」は「突き放し型」のダメ子育て。子どもの感情を受け入れた上で、理性的にやるべきことを説明する、「自律サポート型」子育ての基本を意識する。

㉜子どもたちが、ついついゲームに夢中になってしまうのは、ゲームが子どもたちの心の根本的欲求を満たしてしまうから。

㉝「ダメなことベース」な声かけではなく、「バランスベース」の声かけに変えていく必要がある。

㉞子どもがやるべきこと、できそうなことを提案したり、子どもと一緒に何をするとバランスのいい生活になるのかを考えていくことが大切。

㉟テクノロジーとうまく付き合っていけるための3つのコツ

- TIPS1　使わないときは遠くに隔離する
- TIPS2　テクノロジーブレイクを使う
- TIPS3　親がロールモデルになる

㊱テクノロジー時間の効果的な減らし方

- ◦ＴＩＰＳ１　２週間で15分ずつ減らす
- ◦ＴＩＰＳ２　心の三大欲求を満たす代替物を用意する
- ◦ＴＩＰＳ３　子どもに考えさせる

第4章

メンタルも知能もぶっとく育てる科学メソッド

子どものメンタルを磨き上げておくべき本当の理由

難しいことに直面したときでも、前向きに、辛抱強く生きていってほしい。先が読めない現代社会で、やはりメンタルが一番大事。

そんな親心にお応えするため、この章では、子どものメンタルを強くする科学的なアプローチについて解説していきます。

まずお伝えしたいのは、**子どものメンタルを強くすることが、子どもの知能をアップするのに最も効果的だ**ということです。

この事実はこれまで心理学や脳科学の分野で確認されてきました。

その中でもメンタルと学業の関係が現場レベルで最も明確に示されたのが、アメリカで盛んな「ＳＥＬ」研究です。

「ＳＥＬ」は「Social Emotional Learning」の頭文字を取った略語。

目的は、子どもたちの社会性（social）を育み、感情（emotional）の認識やコントロールのスキルを身につけさせることです。

アメリカの教育界ではＳＥＬの名の下に、子どもたちの心と社会性の発達を科学的にサポートするプログラムの研究開発が進んできています。


その火付け役となったのがイェール大学の研究[*1]です。

学校のカリキュラムに、社会性や感情をサポートするプログラムを導入したところ、子どものメンタルを強化できただけでなく[*2]、学業成績が大幅に上がったのです。

このイェール大学の研究を皮切りに同様な報告が現在までに数々積み重ねられてきました。

さらに、これはアメリカ特有の効果ではなく、文化によらないことも最近になって解明されてきました[*3]。

ＳＥＬのプログラムの投資利益率（ＲＯＩ）を計算してみると、元手の20倍という試算もあるくらいです[*4]。

つまり、一言で言えば、**メンタルサポートは学力サポート**なのです！

この章で紹介する科学的子育てメソッドを理解して、子どものメンタル力と知力を同時にサポートしていきましょう。

危ない自己肯定感アップ法

まず、子どもの「自己肯定感」について解説していきましょう。

ちまたには、自己肯定感について教える本や動画があふれており、こちらとあちらで真逆のことが書かれているなんていうことがしばしば起こります。

そして、その中には、厳重注意の「ダメ子育て」も含まれているので、**子どもに、むやみやたらな自己肯定をすすめてはいけません。**

自己肯定の仕方によっては、子どものメンタルに逆効果になってしまいます。

そこで先に、ちまたでよく見かける、危険な自己肯定感のアップ法について見ていきましょう。

１つ目は、「成功体験」による自己肯定感アップ法。

これは、子どもが「できた！」と思えるポジティブな体験をたくさんさせてあげることで、自己肯定感を育もうとするやり方です。

たとえば、勉強やスポーツ、生活、お手伝いなど、なんらかの目標やタスクを設定して、できるところまでサポートしてあげる。

できたときにわかりやすく褒めてあげたり、プレゼントやお小遣いをあげたりする。できることがよいことだという意識を刷り込むのがこの方法のカギになります。

とてもわかりやすく、説得力もある子育て法で、誰でも使いたくなってしまいそうです。

しかし、こうした「成功体験」ベースの自己肯定感のアップ法には、注意が必要です。

なぜなら、こうした自己肯定感の育て方は、子どもの成功体験を強調するがあまり、外発的報酬に頼りがちになってしまうからです。

前述のように、何かをやってみたときの「できた！」という感覚は、心の三大欲求の一つです（71ページ）。

そのため、純粋な達成感を味わわせてあげること自体は、非常に大切です。

しかし、その成功体験をより強く感じてもらおうとして、大げさに褒めてしまったり、お小遣いやプレゼントなど外発的報酬を与えてしまったりすると、子どもの「内発的やる気」が壊れてしまいます（76ページ）。

ここで、厄介なのは、褒め言葉やお小遣いなど外発的報酬を得ることで、実際に子どもがポジティブな気分になり、その瞬間は自分を肯定する気持ちが高まるということです。

しかし、それが落とし穴なのです。

なぜなら、**外発的報酬に基づく自己肯定感は短期的に強いものの、長期的に依存していると、心にも体にも悪影響を及ぼすからです。**

たとえば、うつや不安のリスク、[*5]頭痛、肩こりなどの身体的健康に加えて、人間関係にも問題が出てくることが報告されています。[*6]

ことに子どもは、外発的報酬を求め続けることで、タバコや酒、ドラッグなどに依存してしまうリスクも高まるといわれています。[*7]

そのため、「成功体験」の子育てをするならば、意識して大げさな外発的報酬を避けなくてはいけません。

褒め言葉やお小遣いで気分が良くなり、自己肯定感が一時的に上がったとしても、長期的には心や体のリスクが上がってしまいます。

子どもが「できる」「できた」と感じられること以上に、喜びの味付けは必要ないどころか、してはいけないと肝に銘じておく必要があります。

ネガティブな気持ちを忘れようと無理をさせてはいけない

自己肯定感に関して、もう一つ注意しておくべきことが、**ネガティブな気持ちを無理やり抑え込んだり、無理に忘れようとしたりするのは逆効果だ**ということです。

嫌なことが起きたときに、忘れようと試みるものの、どうしても気になる。それどころか、その気持ちを抑え込もうとすればするほど、かえってネガティブな気持ちが強くなってしまいます。

結果、嫌なことは忘れようとすればするほど忘れられず、ネガティブな気持ちが続いてしまうのです。

そして、そのネガティブな気持ちが続いてしまうことで、心や体にさまざまな悪影響が出てきてしまいます。[*8]

たとえば、気持ちを抑え込みがちな人は疾患による死亡リスクが30%高まってしまい、がんになる確率も70％上がるという驚きの報告があるくらいです。[*9]

そのため、ネガティブな気持ちを無理やり忘れさせたり、抑え込ませたりするのではなくて、ネガティブとのうまい付き合い方を子どもに教えていかなくてはいけません。

私たち人間はネガティブな気持ちになっている自分を見つめ、その自分を受け入れたときに、その自分を変える準備が整うのです。

この本質を、臨床心理学の歴史においてフロイトと並ぶ偉業を成し遂げたカール・ロジャースは以下のように述べています。

興味深いパラドックスがある。それは、ありのままの現在の自分を受け入れるとき、自分が変わるということだ。[*10]

子どもに身につけさせるべき自己肯定感とは

そしてここでカール・ロジャースが言う「ありのままの現在の自分を受け入れる」というのが、子どもが持つべき自己肯定感のカギになります。

外発的報酬に依存した「成功体験」からの自己肯定子育てはダメ。ネガティブな気持ちを無理に忘れさせようとするのもダメ。

それなら、いったいどんな自己肯定感を育んでいけばいいのか？

それはシンプルにまとめると、**現実の自分をありがたく思う気持ち**です。

この自己肯定感の定義には2つの重要な要素が含まれています。

それは「自己受容（Self-acceptance）」と「自己価値（Self-worth）」です。

まず、**１つ目の「自己受容」は、まさしくカール・ロジャースの「ありのままの現在の自分を受け入れる」と表現した気持ち**のこと。

ポジティブな自分もネガティブな自分も、ありのままを受け入れる。

そうした自己受容ができる人は、精神的に安定していて、幸福感が高い。逆にそうでないと、ストレスが高く、うつ病のリスクが高まることなどがわかっています。[*11]

また、自己受容感の高い人の方が、ストレスマネジメントのトレーニングで、メンタル強化の効果が高くなりやすい[*12]とか、けがの治療の効き目や体の回復のスピードが速い、[*13]寿命が延びる[*14]などの報告もあります。

つまり、自己受容感が高いと心にも体にも良い影響があるのです。

求めるべき自己肯定感の**もう一つの要素である「自己価値」は、ポジティブもネガティブも、ありのままの自分を受け入れた上で、そんな自分に、文字通り自分なりの価値を見つけることです。**

たとえば、以下の２つの例は日常の中で感じる自己価値をシンプルに表しています。

また仕事で遅刻してしまった。気分はヘコんだけど、明日からも頑張ろう。ヘコんだ自分に正直になれる**自分を誇りに思う。**

まだまだ必要なスキルも身についていない、成績も悪い。でも、将来のなりたい自分に向かって頑張る自分でいられることが**ありがたい。**

自己価値を感じられないと、うつ病や不安症になってしまうリスクが上がってしまい[*15]、また逆に、自己価値を感じている人たちは、幸福感が高く、ストレスにも耐えられる、強い心の持ち主であることがわかっています[*16]。

さらに、自己価値を感じていると、勉強の成績や仕事の業績も上がるという報告まであります[*17]。

子どもの求めるべき自己肯定感は、「現実の自分をありがたく思う気持ち」です。

なぜなら、「自己受容」「自己価値」ともに、子どものメンタルにいいことずくめだからです。

ナルシシストな子にしないために気を付けるべきこと

このように求めるべき自己肯定感の解説をすると、しばしば出てくる疑問があります。

それは以下のような心配です。

自己肯定感が大事なのはわかったが、いき過ぎると、子どもがナルシシストになってしまうのではないか？


ご安心ください。現代の心理学では、ナルシシストと自尊心の高い人は違うとされています。[*18] その違いを詳しく説明していきましょう。


まず、ナルシシストは、自分が他人より特別で優れているものであると感じ、それに応じた承認や尊敬を周りから得ようとします。

つまり、周りからの褒め言葉や世間でのステータスなどに、外発的報酬に動機づけられているわけです。
そうなってしまっては、前述した「外発的やる気」を長期的に持つことによるリスクが上がってしまいます。

一方、「自己受容」と「自己価値」が高い人は、自分が自分であること自体に価値を認めて充足しているわけです。
つまり、ナルシシストのように外発的報酬を求めて、他人との比較や優越感によって承認欲求を満たそうとはしていないのです。

だから実際に、ナルシシストの「求めるべき自己肯定感」は低くなりがちで、他人より優越していると感じても、自分に満足していない。[*19]
そして、ナルシシストは、人を見下し、横柄な態度を取るので、人間関係があまりうまくいきません。そうなると自分が求めている承認を得ることが難しくなり、その結果、精神的にも不安定になってしまうのです。

こうした比較からわかるように、**「求めるべき自己肯定感」と「ナルシシズム」は全く別物なのです。**

だから、「求めるべき自己肯定感」を高めても、子どもはナルシシストになりません。

注意すべき点は、どのように「自己肯定」するかです。

他人との比較による優越感や、周りからのポジティブな承認に頼りきった外発的報酬に基づく肯定感は、長期的には心と体のリスクにつながるだけでなく、ナルシシズムにつながってしまうので、厳重に注意する必要があります。

子どもに教えたい最強メンタル術

それではいよいよ、子どもの「求めるべき自己肯定感」を育てるための方法を紹介していきます。

まずは、自分のネガティブな気持ちであっても、うまく受け止めるための重要スキル「ディスタンシング（distancing）」について解説していきます。

これは、自分の気持ちと適切な「距離（ディスタンス）を置く」ためのスキルで、最近の心理学研究でも注目されている心の働きです。


私たちの心は、いったんネガティブに傾きだすとぐいぐいとマイナスの方向に突き進んでしまうことがあります。


たとえば、悲しい失恋をしてしまったとしましょう。

ネガティブな悲しみが強いあまりに、ついつい相手のことや、これまでの出来事を思い返してしまう。

「ああしていれば」「こうしていれば」と、自分の気持ちや考えを巡らして、悲しさを募らせてしまう。

そのせいでさらにくよくよして、ネガティブな気持ちが強くなり、数日、数週間と、長く続いてしまう。

まさにネガティブ思考の悪循環に陥ってしまいました。


でもある時、ふとわれに返る。

なんでこんなにくよくよしているのか？

相手にだって、いろいろな非があった。

それに、これから自分を磨いて、もっといい相手を見つけることができるはずだ。


そんな大失恋とまではいかないものの、似たような気持ちのネガティブループや、そこから「ふとわれに返る」体験というのは誰しも想像に難くありません。

そして、**この「ふとわれに返る」というのが、まさに「ディスタンシング」のイメージです。**


自分の心がネガティブ思考のループに入ってしまっている。抜け出したい。

そんなとき、自分の心を他の誰かのように見立てて、自分を外側からふと見直す。

そうやって**自分の心と適度な「距離」を置くことで、心のネガティブなスパイラルか**

ら抜け出して、より建設的に考えるきっかけになるのです。

実際に、こうしたディスタンシングの心の働きが、感情のバランス維持やメンタル強化、さらには、冷静な判断力や人間関係の改善につながることが確認されています。[*20]

ネガティブ思考に陥ったとき、それを無理にかき消そうとか、忘れようとしては、逆効果になることは前述の通りです（156ページ）。

ディスタンシングのスキルを身につければ、ネガティブな自分をうまく見つめ直すことができるようになり、それが求めるべき自己肯定感に必要な「自己受容」につながるのです。

ディスタンシングは、まさに子どもに伝授しておきたい最強メンタル術の一つです。

子どもとできる自己肯定感トレーニング

それではどうやれば「ディスタンシング」のスキルを身につけられるのか？

これまでの心理学の研究結果をベースにシンプルながら効果のある「ディスタンシング」のトレーニングが考案されており、性別や年齢に関係なく、良い効果が確認されてきています。[*21]

ここでは厳選したものを、親子で一緒にできる形にしてご紹介していきましょう。

まず、週に一度、子どもと5～10分ほど一緒にいられる時間を作ってください。静かにリラックスした雰囲気で、話ができる時間を作りましょう。その時間に、以下の流れで子どもと対話していきます。

始めに、子どもに「最近つらいことあった？」「悲しかった出来事は？」などと問いかけて、直近でネガティブになってしまったときのことを思い出してもらいます。あまり思い浮かばないようであれば、「〇〇のとき、怒ってたよね？」などと、こちらから、思いあたる出来事を言ってあげましょう。

それから、そのときのことをできるだけ詳しく話してもらいます。

いつ、どこで、誰と、何が起きたのか、自分はどう感じたか。

こちらが問いかけるのに答える形でもいいので、数分かけて話してもらいましょう。

それが終わったら、下記の4つの視点からいずれかを選んで、そのネガティブな出来事について想像を膨らませながら対話を続けていきます。

視点1　自分を呼ぶ

子どもに、心の中で自分のことを名前で呼んだり、「君」「あなた」など他人に呼びかけている場面を想像するよう促してみてください。

その上で、ネガティブな気持ちになっていた自分に「どんな声をかける？」「そう言われたらどう思う？」などと、自分にどう声をかけるのか、また、それにもう一人の自分がどう反応するかなどと、聞いてみます。

そうすることで、子どもが自分の心の声を使って、外側から自分自身と対話するような視点をイメージすることができ、自分の気持ちとうまく距離を置くトレーニングになります。

視点２　友達に声をかけるイメージをする

子どもに、友達が自分と同じネガティブ体験をしている状況を想像してもらいましょう。

その上で、「なんと声をかける？」「どんなアドバイスをする？」などと、友達をサポートする気持ちで、自分の気持ちから距離を置く練習をさせてあげましょう。

視点３　心のタイムマシンに乗る

１週間後、１カ月後、１年後、子どもに、ネガティブ体験からもう少し時間がたったときのことを想像させてあげましょう。

「周りの環境はどう変わっている?」「自分はどのように感じている?」などとイメージを広げる手伝いをしてあげましょう。

その上で、ネガティブに感じていたときの自分にどのように語りかけるかを考えさせてみましょう。

少し先の未来や、ちょっと前の過去を想像することで、現在の気持ちと距離を置く感覚を養うことができます。

視点4　壁にいる虫になる

子どもに、自分が壁に止まっている虫になっているところを想像してもらいましょう。壁の虫の目線から自分がネガティブ体験で悩んでいる様子を、思い描かせてみます。

虫には人間の考えや自分の気持ちはわからないかもしれません。

子どもにその壁の虫になりきってもらい、その上で虫の目線から自分を見つめて「どう感じていると思う?」「なぜそう感じていると思うの?」などと、子どもに考えさせてあげましょう。

これらの視点からのディスタンシングのエクササイズが終わったら、子どもがその視点で自分と対話をした後に、どう感じたのか話してもらいましょう。

また、何か新しい学びや気づきを得たかどうか、ネガティブ体験へのこれまでの感じ方が変わったかどうかなどを聞いてみましょう。

小１からできるスタンフォードのストレスマネジメント

違う視点から気持ちを見つめ直すのは、小さな子どもには難しそう……。

確かに、視点を転換する、会話ベースのディスタンシングのトレーニングは、小学校３、４年生くらいになるまで待たないといけないかもしれません。

でもご心配なく！　小さなお子さんにもおすすめの方法もあります。

ここでは、スタンフォード大学のラスキン教授が勧める「ＰＥＲＴ法[*22]」という呼吸を使ったエクササイズをご紹介しましょう。

怒りやストレスで心が動揺したり、人間関係で落ち込んだときに効果的なリラックス術です。

とてもシンプルな方法で、子どもでも大人でも、年齢に関係なくストレス対策に効果抜群なので、親子で一緒に習慣づけていきましょう。

ラスキン教授のPERT呼吸法

リラックスできる場所を見つけて、以下の4つのステップに沿って呼吸していきます。2〜3分かけてゆっくりと呼吸していきましょう。

ステップ1　ゆっくりと2回、深呼吸します。おなかの動きに意識を集中しましょう。吸うときにおなかをゆっくり膨らませて、吐くときにゆっくりリラックスさせます。

ステップ2　3回目の深呼吸のときには、大切な人や美しい自然を心に思い描きます。心臓あたりに自分のポジティブな感情が集まるイメージをしてみましょう。

ステップ3　ステップ2のイメージを持ちながら、何度か深呼吸を続けてください。おなかの動きを意識した優しい深呼吸を心がけましょう。

ステップ4　リラックスして平穏な心を感じたら、悩みを解決するのに何ができるか、少し考えてみましょう。

ＰＥＲＴ呼吸法は、気が動転しているときにやると、心を落ち着かせる効果があります。

また、気が動転していなくても、定期的にやっておくことで、心を落ち着かせる効果がアップするので、**一日1回、寝る前に子どもと一緒にやるように習慣づけましょう。その上で、子どもに「怒ったり、つらかったり、ストレスを感じたりしたらこれをやってね」と教えておきましょう。**

世知辛い世の中、小さなときからストレスマネジメントのスキルを身につけておくことが子どもの生命線にさえなっていきます。

しっかりと習慣づけてあげて、ストレスにも耐えられる子どもの強いメンタルをサポートしてあげましょう。

ここで以下のような疑問が湧いてくるかもしれません。

うーん、呼吸法でリラックスはわかったが、いったい全体、呼吸とディスタンシングとどう関係があるのか？


それが大ありなのです！　少し解説していきましょう。


ネガティブな気持ちの悪循環に陥っている。

そんなとき、ＰＥＲＴ呼吸法で、おなかの動きや呼吸が体を通っていくのをじっくりと感じる。

そうやって、自分の体の別の部分や働きに意識を集中させることで、一旦現在のネガティブな気持ち以外のことに視点を向けることができます。

そのことでディスタンシングの「ふとわれに返る」きっかけを得ることができるです。


このように、ディスタンシング効果で心を落ち着かせるテクニックは古くからの習慣の中にも自然と取り込まれてきました。

緊張したときに、「人」と3回手に書いて呑み込むとか、カッとなってしまったときに、胸に手を当てるというのは、そうした習慣の代表例といえます。

現在はまり込んでしまっている気持ちから、手や胸といった体の違う部分に注目することで、ふとわれに返ることができる。

「人人人」や「胸に手」の習慣は、実体験の中から自然に生まれてきた、心理的にも理にかなっているストレスマネジメントの知恵だったのです。

自己肯定感も集中力も研ぎ澄ますエクササイズ

さて、ここまで見てきたディスタンシングは自分と距離を置いて、自分の心と対話するためのテクニックです。

その意味で、自分と向き合う心の営みである「マインドフルネス」と深く関係しています。

そこで、ここでは子どものためのマインドフルネスもご紹介しておきましょう。

マインドフルネスの核となる考え方は、自分の意識を今感じていることや考えていることに向け、そうした感覚や考えを、そのまま無条件に受け入れることです。[*23]

今意識にあることをくよくよと複雑に考えるのでもなければ、感じたり考えたりしていることを「いい」とか「悪い」とか決めつけることでもありません。

素直な自分の心や体の状態を感じ取って受け入れる心の営み、またはそうした心の営みを引き出す瞑想《めいそう》法や呼吸法などを、まとめて「マインドフルネス」と呼びます。

たとえば、先ほどのＰＥＲＴ呼吸法もマインドフルネスの一種といえます。

近年、マインドフルネスのすごさが科学的にも注目されてきました。[*24]

ストレスが高い状況でも感情をコントロールする力がアップしたり、[*25]ポジティブ思考になりやすく、人生の意義や幸福感もアップする。[*26]

もちろん、自己肯定感にも効き目抜群です。[*27]

それから、心の問題や精神疾患などの改善・予防にも効果があり、セラピー[*28]や心理療法にも取り入れられています。[*29]

それだけではありません。

なんと、マインドフルネスは頭の回転まで速くする！

集中力がアップ[*30]して、勉強のパフォーマンスが上がる[*31]ことが報告されています。

つまり、**マインドフルネスは、心に良い影響を与えるだけでなく、頭も良くなる良薬で、子どもの考える力のサポートにはもってこいの習慣なのです。**

そうしたマインドフルネスの効果に注目して、アメリカではこれまでにマインドフルネスの教育プログラムが導入されてきました。

たとえば、マインドフル・スクールズは、アメリカでの学校教育へのマインドフルネスの普及を推進し、これまでに5万人以上の教育者をサポート、子どもの健康に寄与してきました。[*32]

しかし、マインドフルネスはちょっとハードルが高く感じてしまうかもしれません。大人にとってもハードルが高いのに、果たして子どもにやらせることができるのか疑問に思ってしまうかもしれません。

そのため、まずは簡単なものから選び、親子で一緒にやるのがおすすめです。

自分がやってみて、入りやすいと思われるものからで構いません。

たとえば、前述のPERT呼吸法は、子どもにも比較的簡単にできるもので、私もセミナーなどで実践しています。

ここではもう一つ、マインドフル・スクールズ推薦の超シンプルなマインドフルネスを紹介しておきます。

子どもとできる簡単マインドフル・リスニング

「チーン」などと長めに鳴るベルか音叉《おんさ》などの道具を用意しましょう。

以下の要領で子どもに深呼吸をさせます。毎日1~2分を続けていきましょう。

・まずは初めの儀式。毎回、次のセリフで始めます。「はい、マインドフルな体の準備をしましょう。静かに、座って、目を閉じましょう」
・次に「今から聞く音に意識を集中しましょう。音が完全になくなるまで、集中して聞きましょう。音が完全に消えたら手を上げましょう」と伝えます。
・用意した道具で、音を鳴らします。
・子どもの手が上がったら、「それでは、マインドフルに意識してゆっくりと手をおなかか胸に当てましょう。自分の呼吸を感じましょう」と促します。
・子どもが呼吸に集中できるように「吸って、吐いて」と数回繰り返しましょう。
・仕上げにもう一度ベルを鳴らして終了です。

自己肯定感をアップさせる簡単コミュニケーション

それでもやはり呼吸法やマインドフルネスはハードルが高いという読者の方もいらっしゃるかもしれません。

ご安心ください。

これまで科学的に効果が確認されてきた自己肯定感アップ法は、いくつも存在します。全てをやろうとするのではなく、子どもに合ったものを探して、やれることからやっていくのが得策です。

そこで、さらに2つ、シンプルな自己肯定感アップ法をご紹介していきましょう。


まず1つ目が、「Three Good Things」、略して「TGT」です。その名の通り、その日にあった「3つのいいこと」を見つけるエクササイズです。


一日の終わり、寝る前に、子どもと「今日あった3つのいいことはなんだった?」と話す時間を数分作りましょう。

特におすすめなのが、子どもが布団に入って電気を消してから、眠りにつくまでのリラックスした時間。

いいことを子どもが一つ言ったら、こちらも一つ言う、対話形式にすると子どもにも取っ付きやすくなります。

子どもが一ついいことを言うたびに、「あー、それはよかったね」とか「うれしかったんだね」と、子どもの気持ちを復唱して、理解を示してあげましょう。
そのいいことについて、少し話を膨らましてもいいかもしれません。

その上で、子どもがいいことが見つけられたことを褒めてあげましょう。
さらに、いいことを見つけられるのは、とてもいいことだと伝えてあげましょう。

また、子どもがいいこと探しにつまってしまったら、「〇〇はどうだった？」とか「●●ってうれしかったんじゃない？」などと、子どもがいいことを見つけられるように、少し質問をしてあげましょう。

さらに、子どもが落ち込んでいるときや、あまりいい一日ではなかったと思っているときでも、ＴＧＴを休む必要はありません。
そういうときこそ、日常のごく当たり前のこと、「ご飯がおいしかった」「よく眠れた」など当たり前の日常の大切さに気づかせてあげるチャンスです。

たとえば、「夜ご飯、みんなで食べられたよね。ご飯がなかったり、みんながいなかったらどう思う？」などとうまく質問して、子どもの反応を引き出しましょう。

また、親子で一人ずついいことを言う対話形式であれば、「お父さんは今日、いつもみたいにみんなが学校に行ってくれたのがうれしかった」とか、「お母さんは、今日もみんなとご飯を食べられたのがうれしかった」などと、自分が思ったいいことを示してあげるのも効果的です。

そうすると、子どももそれがいいことになり得るのだと理解することができます。

「TGT」は、ここ数十年で盛り上がってきた「ポジティブ心理学」の代表的なツールの一つで、自己肯定感やポジティブな気持ちはもちろんのこと、幸福感のアップや生きがいにもつながることが立証されてきました。[*33]
シンプルな形で、日々の子どもとのコミュニケーションに組み込んでいきましょう。
まずは寝る前に、親子でTGTを試してみることから始めてみてください。

「人に優しくする」ことの科学的なメリット

もう一つ、意外ながら、非常に強力な自己肯定感アップの方法があります。

それは、利他的な行動をとること。

相手に利する優しい心を持ち、親切な行いをすることで、強力な自己肯定感につながります。

はたしてそれはどうしてなのか？

大事な点なので詳しく解説していきましょう。

自己肯定感に関する心理学理論に「ソシオメーター理論（Sociometer Theory）」というのがあります。

「ソシオメーター」の「ソシオ（socio）」は「社会」。「メーター（meter）」は文字通り「尺度」のことを指します。つまり「ソシオメーター」は、「社会性のものさし」という意味です。

ソシオメーター理論によれば、**自己肯定感は、自分が周りの人たちにどれだけ受け入れられていると感じているかのものさし。**

自分が周りから受け入れられていると感じているならば自己肯定感が高く、逆に自分が周りからあまり受け入れられていないと感じるならば自己肯定感が低くなるということです。

このソシオメーター理論を理解すると、利他的マインドを持つのがなぜ自己肯定感アップにつながるかが腑に落ちてきます。

まず一つ言えるのは、優しいということは周りに受け入れられるための最重要ファクターだということ。

当たり前のようですが、たとえば、世界各国の文化比較で、「優しくて相手を許容できること」がどこの文化圏においても、最も好かれる人の特徴になっています。[*34]

また、有名だったり権威の高い職に就いていたりする、ステータスに頼った人気よりも、優しい性格による人気の方がより良い人間関係につながることもわかっています。[*35]

さらに、人への思いやりや優しい気持ちを持つと、自分が持っている人間関係への不安や心配が解消することがわかってきています。[*36]

それはつまり、実際に周りに好かれているかどうかは関係ないということ。

利他的なマインドで周りに優しくすることで、周りにどう見られているかの心配をしなくて済むようになるのです。

もちろん、実際に周りに好かれる方がいいでしょう。

しかし、自分がどんなに優しい気持ちで行動しても、周りの人たちの気持ちをコントロールすることはできません。でも、心配はご無用です。

なぜなら、ソシオメーター理論によれば、自己肯定感は、実際に周りの人の気持ちではなくて、周りがどう思っているかに関する自分の気持ちだからです。

利他的なマインドで優しく接すると、周りが自分をどう見ているかという不安な気持

ちがなくなる。
そのことで、自分の気持ちの「ソシオメーター」が上がる。
つまり、自己肯定感が上がるということなのです。

そして、実際に利他的なマインドを持つと自己肯定感が上がるということ自体も、直接確認されています。[*37]

利他的マインドとハピネスの科学

それでは自己肯定感をアップするために利他的なマインドを持つにはどんな方法があるのでしょうか?

私たちの「ハッピー」を科学する「ハピネスの科学（Science of Happiness）」の先駆けであるソニア・リュボミアスキー博士が考案したトレーニングをご紹介しましょう。

その名も「親切リフレクション」[*38]。アイディアはいたってシンプルです。

これは、子どもたちに実際に親切な行動をしてもらい、その行動を振り返らせるというエクササイズです。

そのことで、子どもたちの利他的マインドが活性化されて、自己肯定感[*39]や幸福感[*40]が上がります。

ぜひとも子どもと一緒に、お互いに楽しみながら、親切リフレクションを実践してみてください。

親切リフレクションのやり方

まず、子どもと一緒に、週に１日「親切の日」を決めましょう。

次に「親切の日」の目標を立てましょう。

この日の目標は、人のためになる「親切行動」を５つやること。

人のためにどんなことをやるのか。子どもと話し合って、計画やイメージを膨らましてください。

「親切行動」は、人のためになると子どもが感じるものなら、なんでも構いません。「前からくる人に道を譲った」「後の人のためにドアを開けた」「オフィスで落ちた書類を拾ってあげた」「募金をした」「献血した」「家事を手伝った」など。

どんなに大きなことでも、小さなことでも、自分から意識して計画しなくても、後から振り返れば小さな親切だったことを含めてもＯＫです。

「親切の日」がきたら、５つの「親切行動」を実行します。

その日の締めくくりに、以下の点を子どもと振り返りましょう。

・どんな親切をしたのか？
・誰のためになったのか？
・その行動をして、自分がどんな気持ちになったか？

・さらに相手のためになる行動はあるか？

正直な気持ちで、じっくりと具体的に自分の気持ちを振り返らせてあげることが大事です。

楽しみながら数カ月続けると、子どもの利他的マインドが育ち自己肯定感にも影響が現れてくるはずです。

このトレーニングで、子どもの自己肯定感をアップして、ハッピーな生活を送らせてあげましょう。

なぜ親切な人の幸福感は高いのか

さて、利他的なマインドは自己肯定感を高める効果があると解説してきましたが、それだけでなく、子どもの幸福感が高まるという効果もあります。

しかし、人に親切をしたら、自分が幸せになるというのも不思議に感じられる話しかもしれません。

むしろ、幸せになるのは親切にされた方で、親切した自分の方はちょっと自己満足的に自己肯定感が上がるくらいのものではないか？

こうした疑問は、前述の「自己決定理論」における「心の三大欲求」（71ページ）ですっきりと解決することができます。

「心の三大欲求」は、「つながり」「できる感」「自分から感」。これらが満たされると、私たちの心が満たされます。[*41]

そして、他人に優しくしたり親切な行動をとったりすることは、「心の三大欲求」を満たすのに素晴らしく適しているのです。

まず、相手のために何かをするのだから、もちろん相手との「関係性」の中で「つながり」を感じることができる。

それから、相手のためになることが「できる」のだから「できる感」も感じられる。相手を助けることが「できる」という感覚も同様。

そして、誰に言われてやるわけでもなく、自分の優しい心から、自分の意思に基づいて、進んで親切な行動をすることで「自分から感」も感じることができる。

つまり、**利他的なマインドで人に親切な行いをすると、自己肯定感と幸福感が一気に上昇するのは、人間の持つ根本的な欲求を満たすことができるから**なのです。

いわば、私たち人間のＤＮＡには、自己肯定感や幸福感を求めて利他的なマインドに向かう力が、刻み込まれています。

子どもが持っているそのポテンシャルを、「親切リフレクション」を使って活性化させて、求めるべき自己肯定感と幸福感をサポートしていきましょう。

まとめ

㊲子どものメンタルがアップすると、子どもの知能もアップする。

㊳子どもの成功体験を強調するために、外発的報酬を与えてはいけない。

㊴外発的報酬に基づく自己肯定感は短期的には強いが、長期的には悪影響。

㊵ネガティブな気持ちを無理に抑え込んだり、無理に忘れようとするのは逆効果。

㊶求めるべき自己肯定感は、「現実の自分をありがたく思う気持ち」。なぜなら、「自己受容」「自己価値」とともに、いいことずくめだから。

㊷「求めるべき自己肯定感」を高めても、子どもはナルシシストにならない。

㊸「ディスタンシング」で、自分の心に適度な「距離」を置くことで、くよくよと悩むネガティブな気持ちのスパイラルから抜け出せる。

㊹PERT呼吸法は一日1回、寝る前に子どもと一緒にやる。

㊺「マインドフルネス」の核とは、自分の意識を今感じていることや考えていることに向け、そうした感覚や考えを、そのまま無条件に受け入れること。

㊻マインドフルネスは、心に良い影響を与えるだけでなく、頭も良くなる。

㊼「TGT」とは「Three Good Things」の略で、寝る前に、子どもと「今日あった3つのいいことなんだった？」と話す時間を数分作ること。

㊽利他的なマインドで優しく接すると、周りが自分をどう見ているかという不安な気持ちがなくなり、自己肯定感が上がる。

㊾「親切リフレクション」で「親切の日」に子どもと一緒に5つのいいことをする。

㊿利他的なマインドで人に親切な行動をとると、自己肯定感と幸福感が一気に上昇するのは、人間の持つ根本的な欲求を満たすことができるから。

第5章

子育てがつらい科学的理由と対処法

子育てストレスチェックをしてみよう

さて本書の最後に、子育てをする側の私たちに焦点を当てていきましょう。

まずは以下の項目それぞれに、最も当てはまる答えを選んでください。

全ての項目に答えたら、答えの数字を足してください。18項目あり、それぞれの答えが1～5までの数字なので、全て足すと18～90の数字が得られます。

a）親としての自分の役割に幸せを感じる。
1―そう思う　2―ややそう思う　3―どちらとも言えない
4―あまりそう思わない　5―そう思わない

b）子どものためならできる限りなんでもする。
1―そう思う　2―ややそう思う　3―どちらとも言えない
4―あまりそう思わない　5―そう思わない

c）ときどき、子どもの面倒に必要以上の時間と労力を費やしていると感じる。
。1―そう思わない　2―あまりそう思わない　3―どちらとも言えない
4―ややそう思わない　5―そう思う

d）ときどき、子どもに十分にしてあげているか心配になる。
。1―そう思わない　2―あまりそう思わない　3―どちらとも言えない
4―ややそう思わない　5―そう思う

e）子どもと親密だと思う。
。1―そう思う　2―ややそう思う　3―どちらとも言えない
4―あまりそう思わない　5―そう思わない

f）子どもと過ごす時間が楽しい。
。1―そう思う　2―ややそう思う　3―どちらとも言えない
4―あまりそう思わない　5―そう思わない

g）子どもは私の愛情の源だ。
。1―そう思う　2―ややそう思う　3―どちらとも言えない
4―あまりそう思わない　5―そう思わない

h）子どもがいることで、将来に確かで明るい展望が持てる。
1―そう思う　2―ややそう思う　3―どちらとも言えない
4―あまりそう思わない　5―そう思わない

i）私の生活の主なストレスの原因は子どもだ。
1―そう思わない　2―あまりそう思わない　3―どちらとも言えない
4―ややそう思わない　5―そう思う

j）子どもがいるせいで自分の人生に時間とゆとりがない。
1―そう思わない　2―あまりそう思わない　3―どちらとも言えない
4―ややそう思わない　5―そう思う

k）子どもがいることは経済的な負担だ。
1―そう思わない　2―あまりそう思わない　3―どちらとも言えない
4―ややそう思わない　5―そう思う

l）子どものせいで、やるべきことのバランスを取るのが大変だ。
1―そう思わない　2―あまりそう思わない　3―どちらとも言えない
4―ややそう思わない　5―そう思う

m）子どもの行動を、恥ずかしく思ったり、ストレスに感じることがよくある。
。1—そう思わない　2—あまりそう思わない　3—どちらとも言えない
4—ややそう思わない　5—そう思う

n）やり直せるなら、子どもを持とうと思わないかもしれない。
。1—そう思わない　2—あまりそう思わない　3—どちらとも言えない
4—ややそう思わない　5—そう思う

o）親としての責任に圧倒されている。
。1—そう思わない　2—あまりそう思わない　3—どちらとも言えない
4—ややそう思わない　5—そう思う

p）子どもがいるとは、自分の自由が制限されてしまうことだ。
。1—そう思わない　2—あまりそう思わない　3—どちらとも言えない
4—ややそう思わない　5—そう思う

q）親として満足している。
。1—そう思う　2—ややそう思う　3—どちらとも言えない
4—あまりそう思わない　5—そう思わない

r）子どもは楽しい。
。1―そう思う　2―ややそう思う　3―どちらとも言えない
4―あまりそう思わない　5―そう思わない

これは広く使用されている「親のストレス指標」の一つです。[*1]

全体を合計した数値が90に近ければ近いほど子育てでのストレスが高い状態になっています。

たとえば、4や5を答えた項目が多い場合は特に注意が必要で、逆に18〜30くらいであれば、比較的ストレスは低めです。

状況や個人差が大きいので、一概には言えないものの、全体を足した数が40以上の場合には、子育てのストレスがたまっている状態かもしれません。

親のストレスが子どもに与える影響

子育てが親に与える影響はとても複雑です。

一方では、子どもの成長や親としての役割が人生に意義を与え、幸福感が増したり、良い精神状態を保てることが、これまでにさまざまな研究で実証されてきています。[*2]

他方、親の育児ストレスは全世界的に見ても、非常に高くなっています。

たとえば、アメリカでも[*3]、日本でも[*4]、大半の親が育児に悩みやストレスを感じています。

さらに、子育てに疲れ切ってしまい人生の気力を失ってしまう「子育て燃え尽き症候群[*5]」なども取り沙汰されてきているほど。

子育てのストレスは、親たちの心と体に負担をかけます。

しかし、それだけではありません。

子育てのストレスは親自身にだけでなく、子どもにもよからぬ影響を及ぼしてしまいます。

親が子育てストレスをためていると、子どもにイライラした対応をしがちで、[*6]ネガティブな声かけが増えてしまいます。[*7]

また、叱ったり、強引に子どもを誘導したりしようとしてしまい、前述のコントロール型の子育てにつながってしまうのです。

反対に、子育てストレスが少ない親の子どもは、感情や社会性の問題が少なく、自己表現力が向上すること[*8]や、成績も高く、[*9]収入や生きがい[*10]などにも良い影響を与えることがわかってきています。

現代の子育てがつらい科学的な理由

確かに、子育てのストレスをかけたままではダメなことはわかっている。でも、現実として子育てにストレスを感じてしまっている。

自分自身が弱いせいなのか？　ダメな親でごめんなさい……。

決してそんなふうに思わないでください！

なぜなら、現代の子育てには、親なら誰でも子育てストレスを感じてしまう理由がいくつもあるからです。


まず、**親に対して、非常に高い期待が押し付けられているこ**と。

忙しく働きながら育児をして、あれもしてあげて、これもしてあげて。

何か問題があれば自分のせい、これまでの子育てのやり方のせい。

親としてできる限りのことをやっているつもりだが、子どもにとって本当に必要なことを十分にやらせてあげられているのだろうか？

おじいちゃんやおばあちゃんにああだこうだ言われるし、周りの家族の多くが子育てをしっかりやっているように見える。

現代の子育てでは、こうしたプレッシャーを感じないことの方が難しい現実がありま
す。
たとえば、最近の社会は、核家族化が進み、子育てが一つの家族か、一人の親に委ね
られがちです。
少し前の社会では、おじいちゃんやおばあちゃん、おじさんやおばさん、さらに地域
の友人や家族の助けを借りるなど、子育てがコミュニティーの中で支えられてきました。
実に、人間の進化の歴史まで遡ってみても、人類はそうしたコミュニティーでの子育
てを営めたからこそ、厳しい自然淘汰《とうた》を勝ち抜いてきたことがわかってきています。

つまり、私たちのDNAはワンオペ子育てをするようにできていないのです。[*11]

子どもは、私たち一人ひとり、家族、学校はもちろん、周辺地域、その他のコミュニ
ティー全体、そして社会全体の学習環境の中で学び育っていきます。
子どもの学び・育ちを見守ることは、特定の人々だけに託されるものでも、独占され
るべきものでもありません。

だからこそ、現代の子育てにおいて、親として自分のできるサポートを十分にした上で、子どもが自分以外の多くの人に見守ってもらえるような環境作りを意識することが大切です。

たとえば、自分の友達ネットワークを活かして、友人のサークルや地域の活動など、幅広い年齢の人々と触れ合えて、サポートしてもらえるような機会を作りましょう。スポーツや習い事、それから、塾だって子どもの学習環境を多様にしてくれます。違うクラスや違う学校、違う学区に住む子どもたちと触れ合う機会になるのです。

また、子どもが触れ合う人々が多様であることに加えて、子どもが居心地をよく感じることのできる「ホームベース」が、複数存在することも非常に大切です。

複数の共同体に所属して複数のホームベースを持つことは、子どもの心のセーフティーネットの役割を果たしてくれます。

一つのグループでうまくいかないときでも、他のグループの友人に相談したり、アドバイスを得たり、心のよりどころを確保できます。

一人で抱え込まずに、周りの人々やコミュニティーにうまく入り込んで、サポートを得ていくことを意識しましょう。

子育てのイライラを生み出すメカニズム

子育てがつらくなってしまう理由は、親に対する過度なプレッシャーだけではありません。

私たちの脳と心の根本的なメカニズムにも子育てをつらく感じてしまう原因があります。

まず、子どもたちの発達はさまざまで、とても多様です。

学校生活や他の子どもたちとの関わりで、自分の子どもの強みも見えてくれば、そうでないところも見えてきます。

しかし、悲しいかな人間の心は、ネガティブなものばかりが大きく見えてしまうようにできています。[*12]

これを「ネガティビティー・バイアス（negativity bias）」と呼びます。

つまり、人間の心は、よかったことや幸せなことよりも、つらかったり嫌だったりするネガティブな感情にフォーカスしやすいのです。

最高の誕生日ディナーも、最後の店員の嫌な態度で最悪の体験に。

そういった感情の働きは、私たちの心が持っているネガティビティー・バイアスによるものです。

さて、ネガティビティー・バイアスで子どもの弱みが目立って見えてきたときに、当然のことながら、親としては自分の子どもを助けてあげようと思うわけです。

しかし、苦手やできないことを克服できるように、あれやこれやとやってみても、なかなか結果が見えてこない。

それもそのはずで、第1章で見たように（59ページ）、子どもの変化は少しずつしか現れません。

子どもの脳の中では着実に変化が起きているにも関わらず、なかなかそれが行動として目に見えてこないのです。

でも、せっかくの努力に対して、結果が出てこないように見えてしまうので、親としては焦りばかり感じてしまいます。

結果として、子育てのイライラやつらさが倍増してしまうのです。

子どもの多様性、ネガティビティー・バイアス、それから子どもの脳の少しずつの発達。

子育てのイライラは、そうした私たちの心や脳のメカニズムから自然に湧いてきてしまうものでもあるのです。

子育て中の親に最も必要な3つのこと

それでは子育てのストレスとどのように向き合っていけばいいのか？
本章では、この最重要問題についてじっくりと考えていきましょう。

まず、**大切なのが子育てのストレスについて知ること。**

子育てストレスを感じているからといって、「自分が弱い」「自分がダメだから」などと思ってはいけません。

前述のように、現代社会の子育てはきつく、ストレスを感じやすい。また、子どもの悪いところばかりが目についてしまったり、なかなか改善が見られないと感じてしまうように私たちの脳ができている。

自分を責めるのではなく、子育てストレスは、誰もが感じてしまいがちなものであるということを思い出しましょう。

子育てのイライラを、多くの人が自然に感じることとして受け入れることが子育てのストレスと向き合う大切な視点を与えてくれます。


次に、**仲間を見つけること**。

同じように子育てストレスを感じている人が、世の中にはたくさんいます。

その中から同じような悩み事や心配事を共有できる仲間とともに子育てをすることで、育児ストレスと向き合っていく活力になります。


自分がどのような理由で子育てストレスを感じているのかを少し振り返ってみましょう。

育児のワンオペ、子どもの心や健康の問題、経済的問題、周りからのプレッシャー、将来の不安、などなど。

その上で、自分の抱えている子育ての悩みを共有できるようなＳＮＳのグループや、地域の親グループなどがあれば、参加してみましょう。

そしてもう一つ、子育てストレスと向き合うために必要なのが、**自分の気持ちと向き合うためのストレスマネジメントのスキルを身につけること。**

自分のメンタルがしっかりしていないと、いい子育てはできません。

だから、まず自分のメンタルを大切にする必要があります。


そのためには、第４章で解説したメンタル法を自分にも使っていきましょう。

自分の気持ちとうまく距離を置くディスタンシング。

気持ちを落ち着けるＰＥＲＴ呼吸法。

「Three Good Things」に、親切リフレクション。

これらは全て、大人にも効果が確認されています。

子どもと一緒に取り組みながら自分の心のメンテナンスもしていきましょう。


また、第４章で紹介した子ども向けのマインドフルネスに加えて、私の公式サイト（http://tomohirohoshi.com）で、大人用の「スタンフォード式思いやり瞑想《めいそう》」や「自分労りブレイク瞑想」なども無料でダウンロード可能ですので、ぜひ試してみてください。

「悪い」「ダメ」「できない」は成長のチャンス

さて、日頃から自分のメンタルに気を付けていても、子育ての悩みは尽きません。子どもが言うことを聞いてくれなかったり、やってはいけないことばかりしてしまう。そんなときにはやっぱりイラッとしてしまうのが人間というものです。

そこでハーバード大学が運営する特別支援学校の医療長を務めるアブレット博士が勧める[*13]親の持つべき心構えを解説していきましょう。


お友達をたたく。決まった時間にゲームをやめられない。宿題をやらない。何度注意しても、なかなか改善しない。

そんな子どもの「悪い」「ダメ」「できない」は、子どもが今、成長の必要性に直面していることのサインだと意識し直しましょう。

子どもが何を学ぶべきか？　また、どう成長すべきか？

子どもの「悪い」「ダメ」「できない」は、子どもが今後どのように改善すべきかのヒントを示してくれているチャンスなのです。

第1章でも解説したように（40ページ）、子どもたちの感情のコントロールや適切な意思決定をする能力は10代半ばまで発展途上です。

やらなくてはいけないとわかっていてもできなかったり、ついついカッとなって言ってはいけないことを言ってしまうのは、子どもが子どもであることの証です。

たとえば、幼稚園の生徒に割り算ができないといって、ひどく叱りつけている先生がいたら、できるはずのない割り算で子どもを叱りつけてはいけないと思うはず。

大人の目線で子どもが「悪い」「ダメ」「できない」と思えても、子どもは子どもとして、それらを改善するように成長する途中段階にあることを思い出しましょう。

「するべき」に引きずられてはいけない

それから子育ての中でのイライラが、しばしば「こうなるべき」という親としての思い、もしくは、思い込みからきてしまっていることにも注意しましょう。

子どもの成績が思うように上がらない。
だから、あれだけ毎日宿題をやれと言っているのに。
何度言っても上の空。
イライラ、イライラ。

そんなふうに成績が上がらないでイライラしてしまうのも、子どもの成績がこうなる「べき」だと思っているから。
しかし、それが子どもにとって現実的な目標でなければ、子どもはいつまでもその目標を達成することができずに、親自身のイライラは続いてしまい、子どもにストレスをかけ続ける悪循環になってしまいます。

朝寝坊ばかりしてしまう子ども。全く自分で起きられない。何度言っても、遅くまで起きているし、朝の機嫌が最悪。イライラ、イライラ。

こちらも同様「自分で朝しっかり起きるべき」という「するべき」からイライラしてしまっているのかもしれません。でも、子どもの寝るときの習慣が寝つきを悪くしてしまっていたり、低血圧症で朝がつらい体質なのかもしれません。

こうした子どもの「悪い」「ダメ」「できない」は子どもの成長で当たり前のことなのです。子ども自身が劣っているとか、性格が悪いなどと結論づけてはいけません。

今、自分が子どもに対して持っている期待が、子どもの現在の成長段階や子ども自身

に合っていないだけのことかもしれないのです。

いったん自分の「するべき」を振り返ってみて、その場その時で柔軟に子どものニーズに対応しようという心構えも、どこかで持っておくことが大切です。

子どもに合ってるの？　合っていないの？

そうした心構えを持って、子どものニーズにフォーカスして、今の学習方法や生活習慣が、子どもに合っていないようであれば、新しいものを探していく必要があります。

成績が上がらないのであれば、これまでの教材や学習法を変えてみましょう。

早起きが難しいならば、寝る前の習慣を変えてみたり、朝のルーティンなども見直したりしなければいけません。

どんなに正しい方向性だと思われても、子どもにフィットしていないやり方を押し付けてしまっては、逆効果です。

その結果、余計子育てのイライラも増えてしまいます。

しかし、これまでの習慣や方法を変えたときに、それが子どもに合っているかいないかを判断するにはどうしたらいいのでしょうか？

まずは、もちろんじっくりと子どもの様子を見つめていかなくてはいけません。

新しいやり方に初めて接した際には、戸惑いや不安があり、慣れていくのに少し時間がかかるかもしれません。

子どもの初期のリアクションが悪くても、すぐに子どもとのフィットを心配しなくても大丈夫です。

また、すぐに結果が出なくても、子どもをせかしたり自分が焦ったりしてはいけません。

前述のように、子どもの脳の変化は少しずつしか起きないということを意識しておきましょう。

新しいやり方に慣れていけるように、ゆっくり時間をかけて子どもをサポートしていく覚悟が必要です。

習慣を変えてから、2カ月くらいは辛抱が必要です。

その間、少しずつでもポジティブな変化が見られたり、子どもの取り組み方が積極的になりつつあるということであれば、子どもと新しい習慣にフィットがあるのかもしれません。

一方で、いつまでたっても変化の兆《きざ》しが全く見られず、子どものやる気が上がらないままなら、ベストフィットとはいいにくいでしょう。

子どもの変化に気づくコツ

子どもに合っているかいないかは、いつでも白黒はっきりと、簡単に判断できるものではありません。

どちらとも言えないような、グレーゾーンのことだってしばしばあります。

それだけに、子どもに変化が見られるかどうか、こまめに評価することが非常に重要になっていきます。

前述のように、子どもの毎日の変化は、あったとしてもほんの少しずつで、なかなか気づくことができません。

しかし、数週間や数カ月という単位では、意味のある変化が生まれています。

そうであっても、毎日の子育てに追われる中で、そういう変化に気づくのはなかなか難しいものです。

そこで、子どもと新しい習慣がフィットしているかどうかを判断するのに欠かせないのが、毎日記録を残しておくことです。

新しい習慣に子どもがどのように反応したか、自分はどう感じたかなどを書き残しておくことで、毎日の目に見えない少しずつの変化が、長期間で大きな変化を生み出していくことを実感できます。

また、毎日着実に成長する子どもの様子も見渡すことができ、子育てのやりがいにつながります。

以下の要領で試してみてください。

新しい習慣　毎日子育てジャーナル

一日の最後に子育て日記（ジャーナル）として、下記の項目にいくつかコメントしていきましょう。毎日5〜10分くらいのシンプルなメモでOKです。

・今日の子どもの様子はどうだった？　新しい習慣通りにできた？
・子どもの機嫌はどうだった？
・昨日と比べて何か違った様子はあった？
・自分の気持ちはどうだった？
・明日に向けて改善点はある？　あるならどうやってみる？

1、2週間ごとに日記を見直して、子どもの変化や自分の気持ちの変化を追ってみましょう。

ここで、「たかが日記！」と思っては大損してしまいます。
ジャーナリングは、長きに渡り使われてきている心理療法の手段の一つ。[*14]
最近では、私たちの心の健康を保つ超重要ツールとして、その効果が脳科学のレベルでも実証されつつあります。[*15]
たとえば、脳のワーキングメモリーが活性化されたり、[*16]睡眠の質が上がることが確認されています。*[17]

ジャーナルは「心の万能健康ツール」です。

子どもの心や体の変化だけでなく、自分自身とも向き合いながら、根気強く子育てを続けていくメンタルを支えてくれます。

ジャーナリングは少しハードルが高いという方も、まずは数行程度から書き始めてみましょう。

数週間で、子どもの変化や自分の気持ちの変化が見えてきて、ジャーナル効果を実感できるはずです。

まとめ

51 親の育児ストレスは、全世界的に見ても非常に高くなってきている。

52 現代社会では、親に対する子育てのプレッシャーが高まっている一方、人類のDNAはワンオペ子育てをするようにできていない。

53 子どもの多様性と、ネガティヴィティー・バイアス、そして子どもの脳の発達速度など、子育てのイライラは心や脳のメカニズムから自然に湧いてくる。


㊹大切なのは育児ストレスについて知ること、仲間を見つけること、自分の気持ちと向き合うためのストレスマネジメントのスキルを身につけること。

㊺子どもの「悪い」「ダメ」「できない」は子どもの成長で当たり前のこと。子ども自身が劣っている、性格が悪いなどと結論づけない。自分も悪くない。

㊻いったん自分の「するべき」という思い込みを振り返り、柔軟に子どものニーズに対応しようという心構えを持つことが大切。

㊼習慣を変えてから、２カ月くらいは辛抱が必要。

おわりに

この本を最後まで読んでいただき、ありがとうございます。

この本一冊に、科学的な子育てのノウハウを一気に凝縮しました。

脳の成長に、好奇心の伸ばし方、自律する力とメンタルから、親の心構えまで。

ご自身やお子さまに合ったところをピックアップして、できそうなところや気に入ったところを、少しずつ使っていただければ幸いです。

いきなり全部やろうとせずに、焦らず長期的な視点で実践していただければ、必ず道がひらけてきます。

今を生きる子どもと大人に必要な子育てや教育のためのヒントを、この本から見つけていただければ著者冥利に尽きます。

わがまま息子を辛抱強く見守ってくれた父と母に

星　友啓

How, Whom, and Why of Parents' Involvement in Children's Academic Lives: More Is Not Always Better, *Review of Educational Research*, 77(3); pp.373-410.

＊10 E. Flouri (2004), Subjective Well-Being in Midlife: The Role of Involvement of and Closeness to Parents in Childhood, *Journal of Happiness Studies*, 5; pp.335-358.

＊11 N. Raihani (2021), What can ants and meerkats teach us about parenting? Evolutionary biologist Nichola Raihani uncovers the ancient social instincts that still shape our families today, *BBC, Family Tree*, from https://www.bbc.com/future/article/20211102-stressed-by-parenting-evolution-explains-why.

＊12 T.A. Ito, J.F. Larsen, N.K. Smith & J.T. Cacioppo (1998), Negative Information Weighs More Heavily on the Brain: The negativity bias in evaluative categorizations, *Journal of Personality and Social Psychology*, 75(4); pp.887-900.

＊13 M. Abblett (2021), *Prizeworthy: How to Meaningfully connect, Build Character and Unlock the Potential of Every Child.* Shambhala Publications: USA.

＊14 J.W. Pennebaker (1997),Writing about Emotional Experiences as a Therapeutic Process, *Psychological Science*, 8(3); pp.162-166.

＊15 M.D. Lieberman, N.I. Eisenberger, M.J. Crockett, S.M. Tom, J.H. Pfeifer & B.M. Way (2007), Putting Feelings Into Words, *Psychological Science*, 18(5); pp.421-428.

＊16 H.S. Schroder, T.P. Moran & J.S. Moser (2018), The effect of expressive writing on the error － related negativity among individuals with chronic worry, *Psychophysiology*, 55(2); pp.1-11.

＊17 M.K. Scullin, M.L. Krueger, H.K. Ballard, N. Pruett & D.L. Bliwise (2018), The effects of bedtime writing on difficulty falling asleep: A polysomnographic study comparing to-do lists and completed activity lists, *Journal of Experimental Psychology: General*, 147(1); pp.139-146.

toward strangers, friends and family, *Journal of Adolescence*, 57; pp.90-98.
*40 Lyubomirsky (2008), *The How of Happiness: A New Approach to Getting the Life You Want*, Penguin Press, USA.
*41 R.M. Ryan & E.L. Deci (2017), Self-Determination Theory: Basic psychological needs in motivation, development, and wellness. The Guilford Press: USA.

〈第5章〉
*1 J.O. Berry & W.H. Jones (1995), The Parental Stress Scale: Initial Psychometric Evidence, *Journal of Social and Personal Relationships*, 12(3); pp.463-472.
*2 S.K. Nelson, K. Kushlev & S. Lyubomirsky (2014), The Pains and Pleasures of Parenting: When, Why, and How Is Parenthood Associated With More or Less Well-Being?, *Psychological Bulletin*, 140(3); pp.846-895.
*3 E.L. Adams, D. Smith, L.J. Caccavale & M.K. Bean (2021), Parents Are Stressed! Patterns of Parent Stress Across COVID-19, *Frontiers in Psychiatry*, 12.
*4 『子育て中のママのストレスに関する調査』、株式会社ワコール・ベビカム株式会社、2020年
*5 I. Roskam, M.E. Raes & M. Mikolajczak (2017), Exhausted Parents: Development and Preliminary Validation of the Parental Burnout Inventory. *Frontiers in Psychology*, 8.
*6 J.E. Dumas (1986), Indirect influence of maternal social contacts on mother–child interactions: A setting event analysis, *Journal of Abnormal Child Psychology*, 14; pp.205-216.
*7 J. Belsky, K. Crnic & S. Woodworth (1995), Personality and Parenting: Exploring the Mediating Role of Transient Mood and Daily Hassles, *Journal of Personality*, 63(4); pp.905-929.
*8 E.M. Berger & C.K. Spiess (2011), Maternal Life Satisfaction and Childoutcomes: Are They Related?, *Journal of Economic Psychology*, 32(1); pp.142-158.
*9 E.M. Pomerantz, E.A. Moorman & S.D. Litwack (2007), The

Positive Psychology, 8(5); pp.376-386.
*28 Z. Segal, M. Williams & J. Teasdale, *Mindfulness-Based Cognitive Therapy for Depression*, Guilford Press, New York, 2002.
*29 A. Chiesa & A. Serretti (2009), Mindfulness-based stress reduction for stress management in healthy people: a review and metaanalysis, *The Journal of Alternative and Complementary Medicine*, 15(5); pp.593-600.
*30 P. Sedlmeier, J. Eberth, M. Schwarz, D. Zimmermann, F. Haarig, S. Jaeger S & S. Kunze (2012), The Psychological Effects of Meditation: A Meta-Analysis, *Psychological Bulletin*, 138(6); pp.1139-1171.
*31 A.P. Jha, J. Krompinger & M.J. Baime (2007), Mindfulness training modifies subsystems of attention, *Cognitive, Affective, & Behavioral Neuroscience*, 7(2); pp.109-119.
*32 https://www.mindfulschools.org/about/
*33 M.E.P. Seligman, T.A. Steen, N. Park & C. Peterson (2005), Positive Psychology Progress: Empirical Validation of Interventions, *American Psychologist*, 60(5); pp.410-421.
*34 D.M. Buss, *et al.* (1990), International Preferences in Selecting Mates: A Study of 37 Cultures, *Journal of Cross-Cultural Psychology*, 21(1); pp.5-47.
*35 『POPULAR「人気」の法則』、ミッチ・プリンスタイン著、茂木健一郎訳・解説、三笠書房、2018年
*36 J.L. Trew & L.E. Alden (2015), Kindness reduces avoidance goals in socially anxious individuals, *Motivation and Emotion*, 39; pp.892-907, from https://doi.org/10.1007/s11031-015-9499-5/
*37 X. Fu, L.M. Padilla-Walker & M.N. Brown (2017), Longitudinal relations between adolescents' self-esteem and prosocial behavior toward strangers, friends and family, *Journal of Adolescence*, 57(1); pp.90-98.
*38 『スタンフォード式　生き抜く力』、星友啓著、ダイヤモンド社、2020年
*39 S. Fu X, L.M. Padilla-Walker, M.N. Brown (2017), Longitudinal relations between adolescents' self-esteem and prosocial behavior

In Zeigler-Hill V & Shackelford T (Eds.) *Encyclopedia of Personality and Individual Differences*. Springer:Cham.

＊18 E. Brummelman, S. Thomaes & C. Sedikides(2016), Separating Narcissism From Self-Esteem, *Current Directions in Psychological Science*, 25(1); pp.8-13, from https://journals.sagepub.com/doi/10.1177/0963721415619737/

＊19 W.K. Campbell, E.A. Rudich & C. Sedikides (2002), Narcissism, Self-Esteem, and the Positivity of Self-Views: Two Portraits of Self-Love, *Personality and Social Psychology Bulletin*, 28(3); pp.358-368.

＊20 E. Kross & O. Ayduk (2017), Self-Distancing: Theory, Research, and Current Directions, *Advances in Experimental Social Psychology*, 55; pp.81-136.

＊21 E. Kross (2021), *Chatter: The Voice in Our Head, Why It Matters, and How to Harness It*, Crown: New York.

＊22 L. Frederic (2003), Forgive for Good: A Proven Prescription for Health and Happiness.

＊23 S.R. Bishop, M. Lau, S. Shapiro, L. Carlson, N.D. Anderson, J. Carmody, Z.V. Segal, S. Abbey, M. Speca, D. Velting & G. Devins (2004), Mindfulness: A Proposed Operational Definition, *Clinical Psychology: Science and Practice*, 11(3); pp.230-241. doi:10.1093/clipsy/bph077/

＊24 S.L. Keng, M.J. Smoski & C. Robins (2011), Effects of Mindfulness on Psychological Health: A Review of Empirical Studies, *Clinical Psychology Review*, 31(6); pp.1041-1056.

＊25 C.A. Pepping, P.J. Davis & A. O'Donovan (2013), Individual differences in attachment and dispositional mindfulness: The mediating role of emotion regulation. *Personality and Individual Differences*, 54(3); pp.453-456.

＊26 K.W. Brown & R.M. Ryan (2003), The Benefits of Being Present: Mindfulness and Its Role in Psychological Well-Being, *Journal of Personality and Social Psychology*, 84(4); pp.822-848.

＊27 C.A. Pepping, A. O'Donovan & P.J. Davis, Analise (2013), The positive effects of mindfulness on self-esteem, *The Journal of*

*8 Brackett, *Permission to Feel: Unlocking the Power of Emotions to Help Our Kids, Ourselves, and Our Society Thrive*, Celadon Books, New York, 2019.

*9 B.P. Chapman, K. Fiscella, I. Kawachi, P. Duberstein & P. Muennig (2013), Emotion suppression and mortality risk over a 12-year follow-up, *Journal of Psychosomatic Research*, 75(4); pp.381-385, from https://www.ncbi.nlm.nih.gov/pmc/articles/PMC3939772/

*10 C.R. Rogers, *On Becoming a Person: A Therapist's View of Psychotherapy*, Houghton Mifflin Company, Boston New York, 1995.

*11 C. Vasile (2013), An evaluation of self-acceptance in adults, *Procedia - Social and Behavioral Sciences*, 78; pp.605-609, from https://www.researchgate.net/publication/255728710_An_Evaluation_of_Self-acceptance_in_Adults/

*12 M.A. Rodriguez, X.W. Wei Xu & X. Liu (2015), Self-Acceptance Mediates the Relationship Between Mindfulness and Perceived Stress, *Psychological Reports*, 116(2); pp.513-522, from https://pubmed.ncbi.nlm.nih.gov/25730749/

*13 M.M. Daley, K. Griffith, M.D. Milewski and M.A. Christino (2021). The mental side of the Injured Athlete. *Journal of American Academy of Orthopaedic Su.*

*14 R. Ng, H.G. Allore & B.R. Levy (2020), Self-Acceptance and Interdependence promote Longevity: Evidence From a 20-year Prospective Cohort study. *International Journal of Environmental Research and Public Health..*

*15 American Psychiatric Association, *Diagnostic and Statistical Manual of Mental Disorders* (5th ed.) American Psychiatric Publishing, Washington DC, 2013.

*16 R.F. Baumeister, J.D. Campbell, J.I. Krueger & K.D. Vohs (2003), Does High Self-Esteem Cause Better Performance, Interpersonal Success, Happiness, or Healthier Lifestyles?, *Psychological Science*, 4(1); pp.1-44.

*17 C.H. Jordan, V. Zeigler-Hill & J.J. Cameron (2017), Self-Esteem.

Drain: The Mere Presence of One's Own Smartphone Reduces Available Cognitive Capacity, *Journal of the Association for Consumer Research,* 2(2); pp.140-154.

＊24 L.D. Rosen, A.F. Lim, L.M. Carrier & N.A. Cheever (2011), An Empirical Examination of the Educational Impact of Text Message-Induced Task Switching in the Classroom: Educational Implications and Strategies to Enhance Learning, *Psicología Educativa,* 17(2); pp.163-177.

＊25 A. Gazzaley & L.D. Rosen, *The Distracted Mind: Ancient Brains in a High-Tech World,* The MIT Press, 2017.

〈第４章〉

＊1 J.P. Comer (1988), Educating Poor Minority Children, *Scientific American,* 259(5); pp.42-49.

＊2 A. Clarke, M. Sorgenfrei, J. Mulcahy, P. Davie, C. Friedrich & T. McBride (2021) Adolescent mental health: A systematic review on the effectiveness of school-based interventions. Early Intervention Foundation.

＊3 R.D. Taylor, E. Oberle, J.A. Durlak, & R.P. Weissberg (2017), Promoting Positive Youth Development Through School-Based Social and Emotional Learning Interventions: A Meta-Analysis of Follow-Up Effects. *Child Development,* 88; 1156-1171.

＊4 C. Belfield, A.B. Bowden, A. Klapp, H. Levin, R. Shand & S. Zander (2015), The Economic Value of Social and Emotional Learning, *Journal of Benefit-Cost Analysis,* 6(3); pp.508-544.

＊5 M. Kasser T & R.M. Ryan (1993), A dark side of the American dream: Correlates of financial success as a central life aspiration. Journal of Personality and Social Psychology, 65(2); 10-422.

＊6 T. Kasser & R.M. Ryan (1996), Further Examining the American Dream: Differential Correlates of Intrinsic and Extrinsic Goals. *Personality and Social Psychology Bulletin,* 22(3); pp.280-287.

＊7 G.C. Williams, E.M. Cox, V. Hedberg & E.L. Deci (2000) Extrinsic life goals and health risk behaviors in adolescents. *Journal of Applied Social Psychology,* 30; pp.1756-1771.

82.
＊14 A.C. Vasquez, E.A. Patall, C.J. Fong *et al* (2016), Parent Autonomy Support, Academic Achievement, and Psychosocial Functioning: A Meta-analysis of Research. *Educational Psychology Review,* 28; pp.605-644.
＊15 V. Fisoun, G. Floros, K. Siomos, D. Geroukalis & K. Navridis (2012), Internet Addiction as an Important Predictor in Early Detection of Adolescent Drug Use Experience-Implications for Research and Practice, *Journal of Addiction Medicine,* 6(1); pp.77-84.
＊16 S.M. Coyne, L.A. Stockdale, W. Warburton, D.A. Gentile, C. Yang & B.M. Merrill (2020), Pathological video game symptoms from adolescence to emerging adulthood: A 6-year longitudinal study of trajectories, predictors, and outcomes, *Developmental Psychology,* 56(7); pp.1385-1396.
＊17 R.M. Ryan, C.S. Rigby & A. Przybylski (2006), The Motivational Pull of Video Games: A Self-Determination Theory Approach, *Motivation and Emotion,* 30(4); pp.344-360.
＊18 V. Rideout & M.B. Robb (2021), The Common Sense Census: Media Use by Tweens and Teens 2021, Common Sense Media, San Francisco.
＊19 L.D. Rosen, L.M. Carrier & N.A. Cheever (2013), Facebook and texting made me do it: Media-induced task-switching while studying, *Computers in Human Behavior,* 29(3); pp.948-958.
＊20 F. Sana, T. Weston & N.J. Cepeda (2013), Laptop multitasking hinders classroom learning for both users and nearby peers, *Computers & Education,* 6; pp.24-31.
＊21 J.H. Kuznekoff, S. Munz & S. Titsworth (2015), Mobile Phones in the Classroom: Examining the Effects of Texting, Twitter, and Message Content on Student Learning, *Communication Education,* 64(3); pp.344-365.
＊22 『脳科学が明かした！結果の出る最強の勉強法』、星 友啓著、光文社、2021年
＊23 A.F. Ward, K. Duke, A. Gneezy & M.W. Bos (2017), Braind

Parental coping with Children's Negative Emotions: Relations with Children's Emotional and Social Responding. *Child Development*, 72; pp.907-920.

*6 P. Prinzie, van der C.M. Sluis, A.D. de Haan, M. Deković (2010), The mediational role of parenting on the longitudinal relation between child personality and externalizing behavior. *Journal of Personality*, 78(4); pp.1301-1323.

*7 G.A. Mageau, F. Ranger, M. Joussemet, R. Koestner, E. Moreau & J. Forest, (2015), Validation of the Perceived Parental Autonomy Support Scale (P-PASS). *Canadian Journal of Behavioural Science / Revue canadienne des sciences du comportement*, 47(3); pp.251-262.

*8 Y.L. Ferguson, T. Kasser & S. Jahng (2011), Differences in Life Satisfaction and School Satisfaction Among Adolescents From Three Nations: The Role of Perceived Autonomy Support, *Journal of Research on Adolescence*, 21(3); pp.649-661.

*9 M. Gagné (2003), The Role of Autonomy Support and Autonomy Orientation in Prosocial Behavior Engagement, *Motivation and Emotion*, 27(3); pp.199-223.

*10 G.A. Mageau, F. Ranger, M. Joussemet, R. Koestner, E. Moreau & J. Forest (2015), Validation of the Perceived Parental Autonomy Support Scale (P-PASS), *Canadian Journal of Behavioural Science*, 47(3); pp.251-262.

*11 B. Soenens & M. Vansteenkiste (2005), Antecedents and Outcomes of Self-Determination in 3 Life Domains: The Role of Parents and Teachers Autonomy Support, *Journal of Youth Adolescence*, 34(6); pp.589-604.

*12 A.C. Vasquez, E.A. Patall, C.J. Fong, A.S. Corrigan & L. Pine (2015), Parent Autonomy Support, Academic Achievement, and Psychosocial Functioning: A Meta-analysis of Research, *Educational Psychology Review*.

*13 K.D. Annear & G.C.R. Yates (2010), Restrictive and Supportive Parenting: Effects on Children's School Affect and Emotional Responses. *The Australian Educational Researcher*, 37(1); pp.63-

Personality and Social Psychology Bulletin, 22(3); pp.280-287.
* 8 G.C. Williams, E.M. Cox, V. Hedberg & E.L. Deci (2000), Extrinsic Life Goals and Health-Risk Behaviors in Adolescents, *Journal of Applied Social Psychology*, 30(8); pp.1756-1771.
* 9 T. Kasser & R.M. Ryan (2001), Be careful what you wish for: Optimal functioning and the relative attainment of intrinsic and extrinsic goals. In P. Schmuck & K.M. Sheldon (Eds.), *Life Goals and Well-Being: Towards a positive psychology of human striving*, Hogrefe & Huber Publishers, pp.116-131.
* 10 J. Henderlong & M.R. Lepper (2002), The Effects of Praise on Children's Intrinsic Motivation: A Review and Synthesis, *Psychological Bulletin*, 128(5); pp.774-795.
* 11 S.J Spencer, C.M. Steele & D.M. Quinn (1999), Stereotype Threat and Women's Math Performance, *Journal of Experimental Social Psychology*, 35(1); pp.4-28.
* 12 J. Boaler (2019), *Limitless Mind: Learn, Lead, and Live Without Barriers*. HarperCollins Publishers: New York.

〈第3章〉

* 1 M. Ryan, E.L. Deci, W.S. Grolnick & J.G. La Guardia (2015), The Significance of Autonomy and Autonomy Support. In Developmental Psychopathology (eds. D. Cicchetti & D.J. Cohen)
* 2 J.J. Wood, B.D. McLeod, M. Sigman, W-C. Hwang & B.C. Chu (2003), Parenting and childhood anxiety: theory, empirical findings, and future directions. *Journal of Child Psychology and Psychiatry*, 44; pp.134-151.
* 3 B.K. Barber (1996), Parental pychological control: revisiting a neglected construct. *Child Development*, 67(6); pp.3296-3319.
* 4 B. Soenens, Vansteenkiste M., Vandereycken W., Luyten P., E. Sierens & L. Goossens (2008), Perceived Parental Psychological Control and Eating-Disordered Symptoms: Maladaptive Perfectionism as a Possible Intervening Variable. *Journal of Nervous and Mental Disorder*, 196(2); pp.144-152.
* 5 R.A. Fabes, S.A. Leonard, K. Kupanoff & C.L. Martin (2001),

seeking behaviour in humans, *Nature,* 442(7106); pp.1042-1045.
＊19 J. Boaler, J.A. Dieckmann, T. LaMar, M. Leshin, M.E. Selbach-Allen & G. Perez-Nunez (2021), The Transformative Impact of a Mathematical Mindset Experience Taught at Scale. In *Frontiers in Education*; p.784393.
＊20 J. Boaler (2019), *Limitless Mind: Learn, Lead, and Live Without Barriers,* HarperCollins Publishers: New York.
＊21 『マインドセット「やればできる！」の研究』キャロル・S・ドゥエック 著、今西康子 訳、草思社、2016年

〈第２章〉

＊1 R.M. Ryan & E.L. Deci *Self-Determination Theory: Basic Psychological Needs in Motivation, Development, and Wellness.* The Guilford Press: New York, 2017.
＊2 I. Clark & G. Dumas (2015), Toward a neural basis for peer-interaction: what makes peer-learning tick? : *Frontiers in Psychology,* volum6.from ttps://doi.org/10.3389/fpsyg.2015.00028/
＊3 S. Dehaene (2020), *How We Learn: Why Brains Learn Better Than Any Machine . . . for Now,* Viking: USA.
＊4 K. Murayama, K. Izuma, R. Aoki & K. Matsumoto (2016),Your Choice Motivates You in the Brain: The Emergence of Autonomy Neuroscience *Recent Developments in Neuroscience Research on Human Motivation,* Vol.19; pp.95-125, Emerald Group Publishing Limited, Bingley.
＊5 E.L Deci (1971), EFFECTS OF EXTERNALLY MEDIATED REWARDS ON INTRINSIC MOTIVATION. *Journal of Personality and Social Psychology,* 18(1); pp.105-115.
＊6 T. Kasser & R.M. Ryan (1993), A Dark Side of the American Dream: Correlates of Financial Success as a Central Life Aspiration, *Journal of Personality and Social Psychology,* 65(2); pp.410-422.
＊7 T. Kasser & R.M. Ryan (1996), Further Examining the American Dream: Differential Correlates of Intrinsic and Extrinsic Goals,

＊9 https://developingchild.harvard.edu/science/key-concepts/serve-and-return/

＊10 National Scientific Council on the Developing Child (2015), Supportive Relationships and Active Skill-Building Strengthen the Foundations of Resilience: Working Paper No.13. Retrieved from https://developingchild.harvard.edu/

＊11 B.L. Finlay (2009), Brain Evolution: Developmental Constraints and Relative Developmental Growth. In Larry R. Squire (Eds.), *Encyclopedia of Neuroscience* (pp.337-345). Academic Press: USA.

＊12 R.I.M. Dunbar (1992), Neocortex size as a constraint on group size in primates. *Journal of Human Evolution,* volume 22(6); 469-493.

＊13 A. Clarke, M. Sorgenfrei, J. Mulcahy, P. Davie, C. Friedrich & T. McBride (2021), Adolescent mental health: A systematic review on the effectiveness of school-based interventions. *Early Intervention Foundation.*

＊14 R.D. Taylor, E. Oberle, J.A. Durlak, & R.P. Weissberg (2017), Promoting Positive Youth Development Through School-Based Social and Emotional Learning Interventions: a Meta-Analysis of Follow-Up Effects. *Child Development,* 88; pp.1156-1171.

＊15 C. Kalb (2017), What Makes a Genius? *National Geographic,* May.

＊16 J.S. Moser, H.S. Schroder, C. Heeter, T.P. Moran & Y – H. Lee (2011), Mind your errors: Evidence for a Neural Mechanism Linking Growth Mind-Set to Adaptive Posterror Adjustments. In *Psychological Science,*22-12; pp.1484-1489.

＊17 R.A. Rescorla & A.R. Wagner (1972), A Theory of Pavlovian Conditioning: Variations in the Effectiveness of Reinforcement and Nonreinforcement. In A.H. Black & W.F. Prokasy (Eds.), *Classical Conditioning II: Current Research and Theory,* pp.64-99, New York: Appleton- Century-Crofts.

＊18 M. Pessiglione, B. Seymour, G. Flandin, R.J. Dolan & C.D. Frith (2006), Dopamine-dependent prediction errors underpin reward-

巻末注

〈序章〉

＊1 M.D.R. Evans, P. Kelley and J. Kelley (2017), Identifying the Best Times for cognitive Functioning Using New Methods: Matching University Times to Undergraduate Chronotypes. *Frontiers in Human Neuroscience*, 11; p.188.

〈第1章〉

＊1 D.J. Siegel & T.P. Bryson (2011), *The Whole-Brain Child: 12 Revolutionary Strategies to Nurture Your Child's Developing Mind.* Bantam Books: New York.

＊2 https://developingchild.harvard.edu/guide/what-is-early-childhood-development-a-guide-to-the-science/

＊3 C.A. Nelson (2000), The Neurobiological Bases of Early Intervention. In J.P. Shonkoff & S.J. Meisels (Eds.), *Handbook of Early Childhood Intervention* (2nd ed., pp.204-228). Cambridge University Press: Cambridge.

＊4 H.H. Suzana (2012), The remarkable, yet not extraordinary, human brain as a scaled-up primate brain and its associated cost PNAS, 109(1); pp.10661-10668.

＊5 C.W. Kuzawa, *et al* (2014), Metabolic costs and evolutionary Implications of Human Brain Development. PNAS, 111(36); pp.13010-13015.

＊6 National Scientific Council on the Developing Child (2010), Persistent Fear and Anxiety Can Affect Young Children's Learning and Development: Working Paper No.9. Retrieved from https://developingchild.harvard.edu/

＊7 F. Persistent and C. Anxiety Affect Young Children's Learning and Development (2010), Working Paper No.9. National Scientific Council on the Developing Child. Retrieved from https://developingchild.harvard.edu/

＊8 https://developingchild.harvard.edu/science/deep-dives/neglect/

著者略歴

星 友啓（ほし・ともひろ）

スタンフォード・オンラインハイスクール校長/哲学博士/Education; EdTechコンサルタント。1977年東京生まれ。2008年スタンフォード大学哲学博士課程修了後、同大学哲学部講師として論理学の教鞭をとりながら、スタンフォード・オンラインハイスクールスタートアッププロジェクトに参加。2016年より校長に就任。現職の傍ら、哲学、論理学、リーダーシップの講義活動や、米国、アジアにむけて、教育及び教育関連テクノロジー(EdTech)のコンサルティングにも取り組む。2001年東京大学文学部思想文化学科哲学専修課程卒業。2002年より渡米、2003年Texas A&M大学哲学修士修了。
著書に『スタンフォード式 生き抜く力』(ダイヤモンド社)、『スタンフォードが中高生に教えていること』(SB新書)、『脳科学が明かした!結果が出る最強の勉強法』(光文社)、『全米トップ校が教える 自己肯定感の育て方』(朝日新書)、『子どもの「考える力を伸ばす」教科書』(大和書房)がある。

【著者公式サイト】(最新情報やブログを配信中)
https://tomohirohoshi.com

SB新書　622

「ダメ子《こ》育《そだ》て」を科《か》学《がく》が変《か》える!
全《ぜん》米《べい》トップ校《こう》が親《おや》に教《おし》える57のこと

2023年7月15日　初版第1刷発行

著　　者　星《ほし》 友啓《ともひろ》
発 行 者　小川 淳
発 行 所　SBクリエイティブ株式会社
〒106-0032　東京都港区六本木2-4-5
電話：03-5549-1201（営業部）

装　　丁　杉山健太郎
D T P　株式会社ローヤル企画
校　　正　有限会社あかえんぴつ
編　　集　齋藤舞夕（SBクリエイティブ）
印刷・製本　大日本印刷株式会社

本書をお読みになったご意見・ご感想を下記URL、
または左記QRコードよりお寄せください。
https://isbn2.sbcr.jp/19428/

落丁本、乱丁本は小社営業部にてお取り替えいたします。定価はカバーに記載されております。
本書の内容に関するご質問等は、小社学芸書籍編集部まで必ず書面にて
ご連絡いただきますようお願いいたします。

ISBN 978-4-8156-1942-8